Oetinger

Paul Maar, 1937 in Schweinfurt geboren, ist einer der erfolgreichsten deutschen Kinder- und Jugendbuchautoren, zugleich virtuoser Wortkünstler und phantasievoller Erzähler. Zu seinen beliebtesten Figuren gehört das Sams, das in Büchern und Filmen sein Publikum begeistert. Aber auch Kinderhelden wie Lippel, Herr Bello und das kleine Känguru wurden von Paul Maar erschaffen. Der Autor hat viele bedeutende literarische Ehren erhalten, u. a. den Deutschen Jugendliteraturpreis für sein Gesamtwerk, den Friedrich-Rückert-Preis und den E. T. A.-Hoffmann-Preis.

Das große Buch von Paul Maar

Mit Bildern von Paul Maar, Erhard Dietl,
Nina Dulleck, Christiane Hansen, Ute Krause,
Sabine Wilharm und vielen mehr

Verlag Friedrich Oetinger · Hamburg

MIX
Papier aus verantwortungsvollen Quellen
FSC® C002795

Einband von Christiane Hansen
Satz: fuxbux, Berlin
Druck und Bindung: Livonia Print SIA,
Ventspils iela 50, LV-1002, Riga, Lettland
Printed 2017
ISBN 978-3-7891-0824-2

www.oetinger.de

Inhalt

VERTRICKST & VERZAUBERT

Von Wunschpunkten, Zauberbohnen und tätowierten Hunden

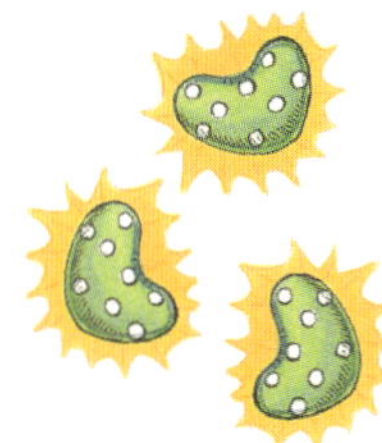

VERDREHT & VERQUER

Von fremden Planeten und fliegenden Kängurus

VERZWICKT & VERZWACKT
Von kleinen Schwestern und anderen Schwierigkeiten

VERTRICKST & VERZAUBERT

Von Wunschpunkten, Zauberbohnen und tätowierten Hunden

Herr Taschenbier übt schwindelfrei

An einem Samstag traf Herr Taschenbier auf das Sams, das einfach beschloss, bei ihm zu bleiben, und das ihn kurzerhand »Papa« nannte. Er musste sich erst an das Sams gewöhnen, denn es war – ganz im Gegensatz zu ihm – ziemlich frech und vorlaut. Aber als er entdeckt hatte, dass die blauen Punkte im Sams-Gesicht Wunschpunkte waren und er sich damit eigene Wünsche erfüllen konnte, fand er es gut, dass das Sams bei ihm blieb.

Dann verliebte sich Herr Taschenbier in Frau März, die im Büro neben seinem arbeitete. Nur war er viel zu schüchtern, um ihr von seinen Gefühlen zu erzählen. Er wagte es nicht einmal, sie anzusprechen. Vielleicht, überlegte er, könnte er ja mit einem blauen Sams-Punkt wünschen, dass sie sich kennenlernen würden. Aber genau da musste er feststellen, dass alle Wunschpunkte aufgebraucht waren.

Doch das Sams wusste einen Ausweg: Wenn sie an einem Vollmond-Freitag zusammen aufs Dach steigen und um Mitternacht das Zauberwort »Gatsmas« aussprechen würden, bekäme das Sams wieder neue Punkte.

Nun war Herr Taschenbier aber nicht nur schüchtern – er hatte auch schreckliche Höhenangst. Ihm wurde schon schwindelig, wenn er auf der dritten Stufe einer Leiter stand. Deshalb schlug das Sams vor, dass er üben solle, um seine Angst zu überwinden …

In den folgenden Tagen übte Herr Taschenbier so fleißig und machte so große Fortschritte, dass das Sams am Wochenende beschloss, nun zur vierten Übung überzugehen. »Jetzt kannst du, ohne zu schwanken, auf dem Schreibtisch stehn«, sagte es. »Es wird Zeit, dass du nun auf was richtig Hohes kletterst. Lass uns spazieren gehn und was suchen, Papa!«

»Ich glaube, etwas richtig Hohes schaffe ich noch nicht«, sagte Herr Taschenbier. »Und dazu noch draußen, wo mir andere Leute zusehen könnten …«

»Du *musst* üben, Papa! Oder willst du nicht mehr, dass ich neue Punkte bekomme?«

»Doch, doch, natürlich!«, versicherte Herr Taschenbier.

»Dann musst du am 3. August mit aufs Dach steigen. Ganz hinauf. Bei Mondlicht. Wie willst du das schaffen, wenn du es nicht mal bei Tageslicht probiert hast! Am Ende stürzt du noch ab. Und was ist dann? Ich habe nirgendwo blaue Punkte, und du hast überall blaue Flecken. Und der nächste Vollmond-Freitag kommt womöglich erst in einem Jahr.«

»Du hast ja recht«, sagte Herr Taschenbier. »Lass uns gleich losgehn, etwas Hohes suchen und hinaufklettern.«

Es blieb aber vorerst bei diesem Vorsatz. Denn was das Sams auch vorschlug, Herr Taschenbier fand immer neue Ausflüchte.

Das Brückengeländer war ihm zu schmal, der Müllcontainer zu schmutzig. Auf die Würstchenbude wollte er nicht klettern, weil der Würstchenverkäufer vielleicht etwas dagegen haben könnte. Er lehnte es auch ab, auf ein Garagendach zu steigen, und sagte: »Nein, das darf man nicht. Das ist Privatgelände.«

Das Sams wurde immer ungeduldiger.

Nachdem sich Herr Taschenbier auch noch geweigert hatte, auf das Wartehäuschen an einer Bushaltestelle zu steigen, verlor es die Geduld und sagte: »Ich seh schon: Du hast überhaupt keine Lust. Ich sause nach Hause ohne Pause!«

»Warte!« Herr Taschenbier schaute sich nach allen Seiten um und sagte: »Ich glaube, ich habe was gefunden!«

Die Straße war gerade leer, kein Mensch zu sehen. Vor ihnen, auf dem Gehsteig, stand eine Litfaßsäule. Herr Taschenbier deutete darauf: »Da werde ich jetzt hinaufklettern, damit du endlich zufrieden bist. Ich komme mir allerdings sehr albern vor dabei, entsetzlich albern. Muss es wirklich sein?«

»Ja, es muss! Mach schon Schluss mit dem Warten, lass uns starten!«, reimte das Sams.

»Dann aber schnell!«, sagte Herr Taschenbier. »Hoffentlich schaut niemand zu.«

Das Sams ging um die Anschlagsäule herum, guckte mit weit zurückgelegtem Kopf nach oben und sagte: »Die ist aber mindestens drei Meter hoch. Wie willst du da raufkommen?«

»Wenn du dich mit dem Rücken anlehnst und die Hände vor dem Bauch verschränkst, kann ich erst auf deine Hände, dann auf deine Schultern und von dort weiterklettern«, erklärte Herr Taschenbier. »Das haben wir als Kinder oft gemacht.«

»Lass es uns versuchen!«, sagte das Sams und lehnte sich an die Anschlagsäule, wie es Taschenbier vorgeschlagen hatte.

Vorsichtig kletterte Herr Taschenbier am schwankenden Sams hoch, hielt sich am Ende der Litfaßsäule fest und zog sich mit einem Ruck hinauf, dass sein Oberkörper waagrecht auf dem flachen Dach lag und die Beine nach unten ins Leere hingen.

»Jetzt steig ganz rauf, stell dich oben hin und gucke nach unten!«, befahl das Sams.

Aber sosehr sich Herr Taschenbier auch abmühte und mit den Beinen wackelte, er kam keinen Zentimeter weiter und hing da oben wie ein nasser Waschlappen.

»Schieb mich rauf! Schieb an meinen Füßen!«, rief er.

Das ging nicht, denn Herrn Taschenbiers Füße zappelten schon so hoch oben, dass das Sams sie nicht erreichen konnte. »Tu doch was!«, schrie Herr Taschenbier. »Gleich fall ich runter!«

»Halt aus, Papa! Sofort!«, rief das Sams, rannte zum nächsten Haus und drückte sämtliche Klingelknöpfe. »Alle raus aus dem Haus!«, schrie es dabei. »Helft meinem Papa! Bringt Stühle mit und eine Leiter, Hocker, Tische und so weiter! Er stürzt sonst ab!«

Das Sams rannte zurück zur Anschlagsäule. »Jetzt schieben wir dich hoch, Papa«, rief es. »Freu dich, gleich kommen viele Leute.«

Herr Taschenbier freute sich überhaupt nicht. »Viele Leute?«, rief er. »Muss das sein? Was denken die denn, wenn die mich hier hängen sehn!«

Er erfuhr sehr schnell, was die vielen Leute von ihm dachten. Irgendwo unter ihm redeten sie. »Was ist denn das für ein Spinner?«, fragte ein Mann.

»Wir sollten die Polizei holen!« Das war eine Frauenstimme.

Ein Kind fragte: »Mami, warum hängt denn der Mann da oben?«

Und die Frauenstimme antwortete: »Der ist betrunken, weißt du.«

Endlich hörte Herr Taschenbier auch die laute Stimme des Sams. »Redet nicht so viel! Helft meinem Papa hinauf!«, sagte es. »Lasst ihn doch nicht hängen.«
»Hinauf? Das fehlte gerade noch! Wir helfen ihm höchstens herunter«, sagte ein Mann. »Was soll er denn oben?«
»Üben!«, antwortete das Sams. »Los, schiebt doch!«
Eine strenge Stimme befahl plötzlich: »Zurücktreten! Gehn Sie beiseite! Lassen Sie mich durch! Geben Sie mal den Stuhl da her!«
Herr Taschenbier fühlte, wie ihn jemand an den Füßen packte und heftig daran zog. Ängstlich klammerte er sich am Dach fest. Zu spät, denn schon rutschte er ab, wurde von jemandem weich aufgefangen und unten auf die Füße gestellt.
Er öffnete die Augen, die er während des Sturzes ängstlich zugekniffen hatte: Vor ihm stand ein Polizist.
Herr Taschenbier machte die Augen gleich wieder zu.
Der Polizist fasste ihn beim Arm und sagte: »So, und nun gehen wir schön zusammen zur Polizeiwache!«
»Ja, da gehn wir schön hin!« Das Sams hatte das »wir« auf sich bezogen und freute sich. Es hängte sich am anderen Arm des Polizisten ein und hopste neben ihm und Herrn Taschenbier her zum Polizeirevier.
Dort saß hinter einem großen Schreibtisch ein zweiter Polizist, schaute erstaunt auf, als sein Kollege mit Herrn Taschenbier und dem Sams hereinkam, und fragte ihn: »Soll ich dir helfen? Sind die beiden festgenommen?«
»Das muss erst geklärt werden«, sagte der erste Polizist. Er ging zu seinem Kollegen, beugte sich zu ihm hinunter und flüsterte: »Erinnerst du dich an den dicken Herrn Lürcher, der vor ein paar Wochen ständig hier aufkreuzte und zwei Typen anzeigen wollte, die aber nie aufzufinden waren?«
»Ja, ja. Einer hatte doch angeblich einen Taucheranzug an«, flüsterte der andere zurück.
»Genau!«, flüsterte der Erste. »Jetzt guck dir mal den Kleinen mit den roten Haaren an!«

»Im Taucheranzug! Den gibt es ja wirklich! Ich gehe sofort und hole Lürcher, zur Gegenüberstellung. Halte die zwei so lange hier fest. Du kannst sie ja schon mal verhören.«
Er setzte seine Dienstmütze auf und verließ eilig die Polizeiwache. Nun nahm der andere Polizist am Schreibtisch Platz, schaute Herrn Taschenbier und das Sams streng an und begann mit der Befragung.
»Was hatten Sie oben auf der Anschlagsäule zu suchen?«
Herr Taschenbier guckte erst zum Sams, dann zum Polizisten und antwortete verlegen: »Darüber darf ich leider nicht sprechen.«
»Sag ihm ruhig, dass du üben wolltest, Papa«, erlaubte ihm das Sams. »Du darfst nur nicht sagen, warum du geübt hast.«
»Sie verweigern also die Aussage. Wissen Sie, dass ich Sie anzeigen kann?!«
»Anzeigen?«, fragte Herr Taschenbier erschrocken. »Aber warum denn?«
»Wegen mutwilliger Sachbeschädigung!«
»Wegen gutwilliger Dachbeschäftigung?«, fragte das Sams. »Ist es denn verboten, aufs Dach zu steigen? Oder wolltest du sagen: wegen sachwilliger Mutbestätigung. Dann stimmt es natürlich. Mein Papa war sehr mutig, das kann ich bestätigen.«
Der Polizist schüttelte heftig den Kopf. »Ich spreche nicht von mutwilliger Sachbeschäftigung ... äh ... gutwilliger Sachbestätigung ... dachwilliger ... Ach was, ich kann euch auch wegen Erregung öffentlichen Ärgernisses anzeigen.«
»Erhebung hoffentlichen Ärgernisses?«, fragte das Sams. »Die ›hoffentliche Erhebung‹ verstehe ich: Mein Papa hat gehofft, dass man ihn hochhebt. Aber was ist ein Ärgernisses?«
»Ein Ärgernisses ist, wenn ... also ... Ach was, ich habe keine Lust, hier alles stundenlang zu erklären. Du wirst jetzt endlich gestehen. Verstanden!«

»Wieso *endlich*?«, fragte das Sams. »Ich hab schon oft gestanden, ich hab doch die ganze Zeit gestanden.«
»Schon oft gestanden? Aha!«, rief der Polizist und spannte ein Blatt Papier in die Schreibmaschine »Das bringt uns weiter.«
Er tippte mit zwei Fingern »Wiederholungstäter« ein. »Du hast also schon öfter gestanden. Aha!«
»Ja, warum nicht? Ich hab auch schon gesessen und …«
»Du hast schon mal gesessen?«, fragte der Polizist. »Aha, aha!« Er tippte drei Ausrufezeichen hinter »Wiederholungstäter«.
»Was ist denn daran so erstaunlich?«, fragte das Sams. »Mein Papa hat auch schon oft gestanden und gesessen.«
»Dein Papa auch? Aha, aha, aha!«, sagte der Polizist und schrieb »Kriminelle Vereinigung!!!« in die nächste Zeile. »Jetzt müssen wir nur noch klären, was er gestanden hat!«
»*Was*? Du meinst, wo er gestanden hat! Das kann ich dir sagen: meistens auf dem Fußboden, manchmal auf dem Schreibtisch.«
»Frechheit! Mich so hereinzulegen!«, rief der Polizist, riss das Blatt wieder aus der Schreibmaschine, zerknüllte es und warf es in den Papierkorb.
»Ich hab dich nicht hier herein*gelegt*, du hast dich herein*gesetzt*«, erklärte das Sams geduldig. »Guck mal: Das ist Stehen. Und das ist Sitzen.« Es setzte sich auf den Schreibtisch. »Und so sieht Liegen aus!« Es legte sich quer über die Schreibmaschine. »Hast du's jetzt begriffen?«
»Verschwinde sofort! Weg hier!«, rief der Polizist.
»Meinetwegen«, sagte das Sams und ging zur Tür.
»Halt! Hiergeblieben!«, schrie der Polizist.
»Soll ich nun verschwinden oder hierbleiben?«, fragte das Sams.
»Ihr beide kommt hier nicht raus, bevor ihr nicht gestanden habt!«, sagte der Polizist grimmig. »Und wenn es Tage dauert.«
»Meine Güte, geht das schon wieder los!«, stöhnte das Sams. »Wir stehen doch schon die ganze Zeit.«

»Ihr sollt nicht stehen, sondern ein Geständnis ablegen. Das ist was völlig anderes!«, brüllte der Polizist. »Ihr sollt zugeben, was ihr verbrochen habt. Untaten sollt ihr gestehn! Verbrechen! Gaunereien! Vergehen und Zuwiderhandlungen!«

»Das sollen wir alles gestehen?«, fragte das Sams. »Und dann dürfen wir wieder raus?«

»Ja.«

»Vorher nicht?«

»Nein.«

»Na gut, dann werde ich mal Untaten erfinden, äh: finden«, verkündete das Sams. »Schieb mal ein großes Blatt in die Schreibmaschine, es geht los!«

»Und dein Vater, was ist mit dem?«, fragte der Polizist. »Es wäre besser, wenn *der* reden würde!«

»Aus dem kriegst du keinen Ton raus. Da musst du dich schon an mich halten«, sagte das Sams. »Der Streuselkuchen ist bekannt dafür, dass er eisern schweigt.«

Es stellte sich so vor den Schreibtisch, dass der Polizist Herrn Taschenbier nicht mehr sehen konnte. Der stand mit hochrotem Kopf neben der Tür und wusste gar nicht, wo er vor lauter Verlegenheit hingucken sollte.

»Streuselkuchen?«, fragte der Polizist.

»Das ist sein Deckname. Weil er der Raueste von allen ist …«

»Du willst dich über mich lustig machen!«, sagte der Polizist.

»Überhaupt nicht. Ich will nur erzählen, was wir für Untaten verbrochen haben.«

Das Sams gab hinter seinem Rücken Herrn Taschenbier ein Zeichen, dass er aus dem Raum verschwinden solle. Aber der verstand es nicht, oder er traute sich nicht. Jedenfalls blieb er neben der Tür stehen und hörte mit offenem Mund zu, als das Sams nun weitererzählte.

»Meine Spezialität sind Kartentricks, Kuchenraub, Autohandel und Schreib-

maschinenbefestigung. Mein Papa ist bekannt für Kücheneinbrüche und nächtliche Ruhestörung …«
»Nicht so schnell! Wie soll ich da mitkommen?«, sagte der Polizist und verhedderte sich fast mit den Fingern in den Schreibmaschinentasten. »Was genau sind Kartentricks? Spielst du mit gezinkten Karten?«
»Mit gezähmten Karten, ja«, gestand das Sams. »Dem König hab ich den Mantel abgebissen …«
»Das gehört nicht hierher«, sagte der Polizist. »Das kannst du anschließend gestehen. Wir sind noch bei den Karten.«
Er machte trotzdem eine handschriftliche Notiz: »Gesteht, einem gewissen Herrn König den Mantel abgerissen zu haben.«
Das Sams gab Herrn Taschenbier wieder Zeichen, deutete auf die Tür und nickte auffordernd. Etwas unschlüssig machte er zwei kleine Schritte und griff nach der Türklinke. Das Sams grinste und nickte noch einmal, sehr heftig.
Herr Taschenbier fasste sich ein Herz, öffnete leise die Tür und schob sich hindurch. Der Polizist bekam nichts davon mit, er schrieb noch.
Herr Taschenbier schloss sehr, sehr vorsichtig die Tür von außen, schlich ein paar Schritte weiter, atmete tief durch und fing an zu rennen. Keine Minute später war er schon hinter der nächsten Straßenecke verschwunden.
Drinnen ging währenddessen der Polizist zum nächsten Punkt über. »Jetzt der Kuchenraub«, sagte er. »Lohnt sich das denn?«
»Nur im großen Stil«, gab das Sams an. »Wegen hundert Kuchen oder hundertfünfzig würde ich keinen Finger krumm machen. Interessant wird es erst ab tausend.«
»Und was macht ihr mit den vielen Kuchen?«
»Essen.«
»Essen? Du willst mich wohl zum Narren halten!«
»Ich hab ja noch gar nicht ausgeredet: Essen und Dortmund sind die beiden Städte, wo die Kuchen hingeschafft werden.«
»Ins Ruhrgebiet also, sehr interessant.«

»Ja, ins Rührgebiet«, bestätigte das Sams.
»Nun zur nächsten Sache: Schreibmaschinen... wie hieß das?«
»Du meinst Schreibmaschinenbefestigung?«, sagte das Sams. »Das ist der gemeinste Trick, den du dir vorstellen kannst.«
»Nie davon gehört. Und wie geht der?«
»Das kann ich nicht erklären, höchstens zeigen. Pass mal auf: Wenn man die Krawatte hier hinhält und da auf diese Taste drückt ...« Das Sams fasste nach der Krawatte des Polizisten, legte das untere Ende in den Papiereinzug und drückte auf eine Taste rechts außen. Das Krawattenende wurde hinten in die Schreibmaschine gezogen, wickelte sich um die Walze und tauchte vorne wieder auf.
»Lass das! Hör sofort auf, was machst du da!«, rief der Polizist.
Mit der Krawatte war zwangsläufig sein Kopf nach unten gezogen worden und hing nun eine Handbreit über dem vollgeschriebenen Blatt.
»Ich muss dir nur noch schnell den Trick zu Ende erklären«, sagte das Sams und zog den Stecker aus der Steckdose. »Jetzt ist die Schreibmaschine an der

Krawatte befestigt und die Krawatte an der Maschine. Daher der Name, verstehst du?«

Der Polizist versuchte, die Krawatte aus der Maschine zu ziehen. Vergeblich. Ohne Strom ließ sich die Walze nicht zurückdrehen.

»So, nun muss ich mich verabschieden«, sagte das Sams. »Jetzt habe ich so viel gestanden; höchste Zeit, dass ich mir ein bisschen die Beine vertrete, ja? Auf Wiedersehn und viele Grüße an Herrn Lürcher!«

Es nickte dem Polizisten freundlich zu, der fluchend und schimpfend an der Schreibmaschine hing und vergeblich versuchte, den Stecker in die Steckdose zu schieben. Dann rannte es aus der Tür, um die Ecke und so schnell weiter, dass es Herrn Taschenbier bereits nach achteinhalb Minuten überholt hatte.

Als der endlich schwer atmend vor Frau Rotkohls Haus ankam, schaute das Sams schon lachend aus dem Fenster und sagte: »Schade, Papa, dass wir nicht das Gesicht von Herrn Lürcher sehen können, wenn er jetzt ins Polizeirevier kommt. Der wird vielleicht sauer sein!«

Aber da hatte sich das Sams getäuscht.

Als Herr Lürcher mit dem zweiten Polizisten die Polizeiwache betrat, stand der erste ganz allein dort und versuchte gerade, seine völlig zerknitterte Krawatte auf der Schreibtischplatte glatt zu streichen. Der zweite Polizist fragte fassungslos: »Was ist denn hier los? Wo ist der Typ im Taucheranzug und wo der andere?«

»Sie sind weg! Alle beide«, sagte sein Kollege verlegen. »Einfach verschwunden!«

Da strahlte Herr Lürcher übers ganze Gesicht, nickte und sagte: »Das hätte ich Ihnen gleich sagen können. Warum soll's Ihnen anders gehen als mir? Jetzt sehen Sie mal, wie das so ist mit den beiden.« Und höchst zufrieden verließ er das Polizeirevier.

Herr Taschenbier ging in den nächsten Tagen nur mit gesenktem Kopf und hochgeschlagenem Jackenkragen auf die Straße. Er fürchtete, einer der beiden Polizisten könne ihm zufällig begegnen und ihn wiedererkennen.

Zum Glück hatte er seinen Kletterversuch in einem Stadtteil unternommen, der weitab von Frau Rotkohls Haus lag. Als Herr Taschenbier nach einer Woche immer noch nicht erkannt und schon gar nicht verhaftet worden war, begann er sich etwas sicherer zu fühlen und klappte den Jackenkragen wieder nach unten, wie es sich gehörte. Aber er weigerte sich, jemals wieder das Besteigen hoher Bauwerke zu üben, sosehr das Sams auch drängte.

Nur morgens, auf dem Weg ins Büro, machte er manchmal noch kleine Versuche, mit seiner Höhenangst fertigzuwerden. Dann stieg er auf ein Gartenmäuerchen neben dem Bürohaus, balancierte ein Stück darauf entlang und sprang zu Boden, wenn ihm zu schwindlig wurde.

Bei solch einer Gelegenheit wechselte er endlich die ersten Worte mit der Frau aus dem Fahrstuhl.

Er ging gerade vorsichtig auf der Mauer entlang, bemühte sich, nicht zu schwanken und nicht danebenzutreten, da sagte plötzlich eine Frauenstimme neben ihm: »Sie balancieren, Herr Taschenbier? Das macht sicher Spaß. Das hab ich als Kind auch immer gerne getan.«

Herr Taschenbier blickte auf: Neben ihm auf dem Gehsteig ging die Frau, die er so stumm verehrte, und lächelte ihm zu!

Vor Schreck und freudiger Überraschung blieb Herr Taschenbier oben auf der Mauer stehen und stammelte: »Sie … Sie kennen meinen Namen?!«

Lachend sagte sie: »Ach, wissen Sie, wenn jemand so einen ulkigen Namen hat wie Sie, das spricht sich im Büro schnell herum …«

»Wie schade, dass Sie keinen ulkigen Namen haben«, sagte Herr Taschenbier. »Dann wüsste ich nämlich auch, wie Sie heißen.«

»Wenn Sie das interessiert, werden Sie es schon herauskriegen«, antwortete sie, lachte wieder und verschwand schnell in der Eingangstür des Hauses.

Herr Taschenbier stand immer noch auf der Mauer, strahlte und sagte zu sich selbst: »Was für eine schöne Stimme sie hat! Und dieses herrliche, spöttische Lächeln! Am 3. August werde ich aufs Dach steigen, und wenn ich mir Arm und Bein dabei breche!«

Der Galimat und ich – Sonntagnacht

Der Galimat

Eines Abends, eigentlich war es schon fast Mitternacht, saß ein Galimat auf einem von Jims Lexikonbänden. Genauer gesagt saß er auf Band drei der Bücher, die aufgereiht auf Jims Schreibtisch standen. Links und rechts sorgten zwei kleine Metallelefanten dafür, dass der Bücherstapel nicht umkippte.

Jim hatte geschlafen, war aber aufgewacht, weil irgendwas in seinem Zimmer *Fiiiiuuuuuu* gemacht hatte. Erst hatte er gedacht, das *Fiiiiuuuuuu* käme von dem elektrischen Luftreiniger, der in der Fensternische stand und leise vor sich hin pustete. Tante Larissa hatte ihn angeschleppt, weil Jim eine leichte Bronchitis gehabt hatte. Die Erkältung war längst vorbei, aber Tante Larissa war nun mal überfürsorglich und bestand darauf, dass Jim das Gerät die ganze Nacht über laufen ließ. Aber das *Fiiiiuuuuuu* war gar nicht von dem Luftreiniger gekommen, sondern aus der Richtung des Schreibtischs.

Jim setzte sich im Bett auf. Hätte seine Nachttischlampe nicht gebrannt, hätte er den Galimat gar nicht entdeckt. Aber weil Jim sich vor Dunkelheit fürchtete … na ja, sagen wir: weil er Dunkelheit nicht besonders mochte … ließ er seine Lampe die ganze Nacht über an.

Und deshalb sah er den Galimat. Obwohl er natürlich noch gar nicht wusste, dass dieses kleine, kugelige Wesen, das mit eingezogenen Beinen auf dem dicken Buch saß, ein Galimat war.

Jim

Nun muss aber erst mal erklärt werden, wer Jim überhaupt ist, bevor wir zum Galimat kommen. Beim Galimat wird das nämlich etwas schwieriger werden. Bei Jim geht es relativ einfach. Er ist ein zehnjähriger Junge. Mit ganzem Namen heißt er Jim Brown.

Nun könnte man denken, dass Jim bei einer Mutter oder einem Vater wohnte, die Brown hießen. Er wohnte aber bei Larissa und Hans-Gert Spitzer. Hans-Gert war Jims Onkel, der Bruder von Jims Mutter. Schon oft hatte Tante Larissa die Geschichte von Jims Eltern erzählt. Denn Jim wollte sie immer wieder hören, auch wenn es eine traurige Geschichte war.

Jims Mutter hatte sich in einen amerikanischen Soldaten verliebt, der in Deutschland stationiert war, in Officer Robert Brown. Und da sich Jims Vater auch in Jims Mutter verliebt hatte, heirateten die beiden keine fünf Monate später.

Als er seine Eltern das letzte Mal gesehen hatte, war Jim ungefähr drei Jahre alt gewesen. Er erinnerte sich noch an den Abschied. Seine Mutter hatte ein geblümtes Kleid angehabt und einen Koffer getragen, und sie hatte Jim geküsst, bevor sie ging. Die Erinnerung an seinen Vater war undeutlicher. Jim wusste nur noch, dass er eine blaue Sportjacke getragen und ihm eine Tüte Popcorn dagelassen hatte.

Seitdem waren die beiden aus seinem Leben verschwunden. Von Tante Larissa wusste Jim, dass sein Vater so eine Art Spion für die amerikanische Regierung gewesen war. Er war heimlich in ein fremdes Land gereist (in welches, wusste Tante Larissa auch nicht genau) und hatte dort wichtige Geheimnisse ausgekundschaftet. Doch dann kam ihm der Geheimdienst des fremden Landes auf die Spur, und Jims

Eltern mussten untertauchen. Nun reisten sie von Land zu Land, immer auf der Flucht, weil der fremde Geheimdienst sich rächen wollte, und spionierten gleichzeitig neue Geheimnisse aus.
Jim hatten sie bei Onkel Hans-Gert und Tante Larissa gelassen, damit er in Sicherheit war.
Und so bekam Jim von seinen Eltern nur Postkarten, in denen sie ihn wissen ließen, dass sie an ihn dachten. Leider verrieten sie darin nie ihre genaue Adresse, denn der Geheimdienst hätte ja mitlesen können. Was Jim aber besonders ärgerte: Nie war auf den Karten ein Meer oder ein exotischer Urwald oder ein Gebirge zu sehen. Stattdessen schickten seine Eltern ihm Karten mit Tieren oder Pflanzen, wie es sie auch im Geschäft in der Schützenstraße gab. Das war nicht gerade spannend.
Jim sah Onkel Hans-Gert und Tante Larissa aber sowieso schon fast wie seine richtigen Eltern an. Und sie waren auch genauso liebevoll zu ihm. Na ja, vielleicht war Onkel Hans-Gert ein bisschen streng, aber letztlich merkte Jim, dass der Onkel ihn mochte.

Nur wenn Jim im Bett lag und nicht gleich einschlafen konnte, stellte er sich manchmal vor, dass seine Eltern kämen, um ihn abzuholen. Und er hatte fast ein schlechtes Gewissen ihnen gegenüber, weil er spürte, dass er die Tante und den Onkel inzwischen so lieb hatte, dass er gar nicht von ihnen wegwollte.

Jetzt aber zurück zum Galimat

Nun wird es aber Zeit, sich den Galimat näher anzuschauen. Wobei, wie gesagt, auch Jim keine Ahnung hatte, was für ein Wesen da auf seinem Lexikon saß.
Er stieg vom Bett und betrachtete den Galimat aus der Nähe. Das schien dem Kleinen nicht zu gefallen, denn er streckte Jim eine lange Zunge heraus und machte so was Ähnliches wie »Bähhhuuh!«.

»Kannst du außer ›Bähu‹ noch was sagen?«, fragte Jim. »Wer oder was bist du überhaupt?«

»Galimat«, sagte der Galimat missmutig und spuckte aus.

»Galimat.«

»Wie bitte?«, fragte Jim. »Du musst lauter sprechen! Aber spuck bitte nicht mein Lexikon voll.«

»Galimat, Galimat, Galimat!«, wiederholte der Galimat. »Hast du es jetzt kapiert, kapiert?«

»Ist das dein Name, oder nennt man alle von eurer Sorte so?«, fragte Jim.

»Welche Sorte denn, denn?«, fragte der Galimat und spuckte schon wieder aus. Diesmal im hohen Bogen über den Schreibtisch hinweg auf den Teppich.

Jim seufzte. »Ich meine: Gibt es noch mehr Galimats? Das musst du doch wissen.«

»Ich muss überhaupt nichts wissen«, sagte der Galimat. »Ich bin ein Galimat, und deswegen heiße ich auch Galimat. Ist doch logisch, logisch.«

»Das ist überhaupt nicht logisch«, sagte Jim. »Ich bin ein Mensch, aber ich heiße Jim.«

»Wie interessant: ein Mensch«, sagte der Galimat. »Du denkst wohl, ich würde dich für ein Meerschweinchen halten, halten?«

»Musst du eigentlich immer alles wiederholen? Das nervt!«, sagte Jim. »Ist das ein spezieller Galimat-Sprachfehler?«

»Sprachfehler?! Es ist eine Freundlichkeit. Ihr Menschen könntet ruhig auch so höflich sein. Man sagt das letzte Wort seiner Rede zweimal, damit der andere weiß, dass die Rede zu Ende ist und er antworten darf, darf«, sagte der Galimat. Er stand auf und begann, so was Ähnliches wie Kniebeugen auf dem Lexikonband zu machen. Genauer gesagt fuhr er seine Beine aus, machte sie immer länger, bis sich sein runder Körper mindestens einen halben Meter über dem Buch befand, und fuhr sie dann wieder ein.

Jim stand staunend davor. »Wahnsinn! Das sieht aus wie bei der Teleskopstange in unserem Duschvorhang«, sagte er. »Die kann man auch so langziehen.«

»Duschvorhang, Vorhang?«, fragte der Galimat.
»*Duschvorhang: eine Spritzschutzvorrichtung für Dusche und Badewanne*«, zitierte Jim das Lexikon. »Übrigens sitzt du auf dem falschen Band. Band drei geht von *Dachfirst* bis *Efeu*. Setz dich gefälligst auf Band fünf: *G bis H*.«
»Aha, aha«, sagte der Galimat und machte einen großen Schritt von Band drei zu Band fünf. Dort zog er seine Beine fast ganz ein, sodass nur seine langen Füße unter dem runden Körper hervorragten.
Jim überlegte laut, wie wohl der Eintrag für den Galimat aussehen würde, wenn es ihn im Lexikon gäbe.
»*Galimat*. Würde voraussichtlich zwischen *Galgen* und *Galle* stehen. Der Galimat ist ungefähr so groß wie ein Fußball. Sein Kugelkörper ist zugleich sein Gesicht. Direkt darunter befinden sich zwei große Füße und zwei Hände mit jeweils drei Fingern. Oben auf dem Kopf sieht man zwei starre Haare. Die schmalen, spitzen Ohren sind beweglich und stehen vom Kugelgesicht ab, das an das Gesicht eines Kindes erinnert.«
Der Galimat hatte aufmerksam zugehört und zustimmend genickt.
Jim fragte: »Kann man das so sagen? Bist du noch ein Kind?«
»Ich bin ein Galimat, Galimat«, antwortete der Galimat.
Jim fragte weiter. »Ich meine: Wie alt bist du? Gibt es dich schon lange?«
»Mich gibt es schon, seit ich denken kann, kann«, sagte der Galimat.
»Aha«, machte Jim. Das war zwar keine sehr klare Antwort, aber mehr war wohl nicht aus dem Kleinen herauszukriegen.

Jims Spezial-Talent

Jim hatte aber noch eine andere wichtige Frage: »Wie kommst du überhaupt hier herein? Das Fenster ist doch zu.«
»Materialisiert, materialisiert«, sagte der Galimat. Er fing wieder an zu turnen und spuckte aus.

»Wie bitte?«, fragte Jim.
»Ma-te-ri-a-li-siert, siert«, wiederholte der Galimat ungeduldig.
»Ach so«, sagte Jim. »Lexikon Band acht. Warte, gleich habe ich es!«
»Was hast du gleich, gleich?«, fragte der Galimat.
»Stör mich nicht, ich muss nachsehen«, sagte Jim.
»Hä? Aber da, wo du hinguckst, ist doch nur Luft, Luft«, sagte der Galimat.
»Ich gucke ja auch innerlich nach. Und du sollst mich dabei nicht stören!«, sagte Jim. »Gut, dass ich schon beim Buchstaben O bin!«
Jim hatte nämlich ein ganz besonderes Talent: Er konnte sich jede einzelne Seite seines Lexikons vor Augen führen und sich Zeile für Zeile daran erinnern, was in den Beiträgen stand. Das klappte allerdings nur bis Band neun *Nierenstein bis Opossum*. Die übrigen Bände hatte er noch nicht auswendig gelernt.
»Mater... Material...«, überlegte er. »Da habe ich es! *Materialisation: Umwandlung von Strahlungs- oder Bewegungsenergie in materielle Teilchen.* Du bist also so was wie ein materielles Teilchen?«
»Haha, *materielles Teilchen*! So ein Blödsinn«, schimpfte der Galimat und rollte die Augen. »Ich weiß gar nicht, weshalb ich mir überhaupt von einem Menschen alberne Fragen stellen lasse und ...«
»... und durch die Gegend spucke«, vollendete Jim den Satz.
»Stört dich das, das?«, fragte der Galimat.
»Spucke finde ich schlimm schleimig«, sagte Jim.
»Auch in deinem Mund, Mund?«, fragte der Galimat.
»Nein, natürlich nicht. Nur wenn sie aus dem Mund draußen ist«, sagte Jim.
»Spucke ist flüssig. Flüssiges muss weg«, verteidigte sich der Galimat.
»Außerdem habe ich nur einmal auf deine Lexikone da gespuckt, gespuckt.«
»Lexika«, verbesserte Jim.
»Wie bitte, bitte?«, fragte der Galimat.
»Die Mehrzahl von Lexikon heißt nicht Lexikone, sondern Lexika!«
»Haha! Warum nicht gleich Lexikaka?«, fragte der Galimat. »Und die Mehrzahl von Telefon heißt nicht Telefone, sondern Telefa, ja, ja?«

»Sehr witzig«, sagte Jim. »Erklär mir lieber, was du hier willst.«

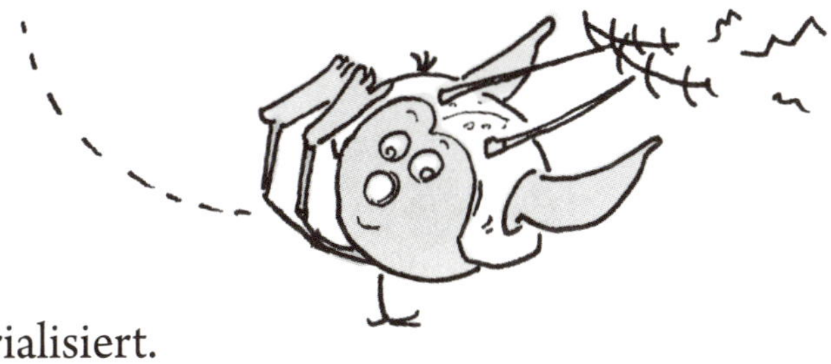

»Gar nichts«, sagte der Galimat. »Ich bin nur zwischengelandet. Das rote Licht hier hat mich angezogen. Und dieses Elektrogerät hat so schön gepustet. Da habe ich mich mal kurz materialisiert. Deswegen kannst du mich sehen, sehen.«

»Du meinst den Luftbefeuchter?«, fragte Jim und stellte das Gerät aus. »Der hat jetzt genug gepustet.«

»Schade«, sagte der Galimat. »Hat so schön gekitzelt, gekitzelt.«

»Ich habe noch nie was von einem Galimat gehört«, sagte Jim. »Und im Lexikon stehst du auch nicht.«

»Es soll mich ja auch niemand sehen«, sagte der Galimat. »Dass ich jetzt sichtbar bin, ist ein Anfängerfehler, Fehler.«

»Und wo willst du als Nächstes hin, wenn du hier nur mal zwischengelandet bist?«, fragte Jim.

»Erst ins Elektro und von da aus weiter, weiter«, sagte der Galimat.

Mit dieser Antwort konnte Jim nicht besonders viel anfangen. Deshalb fragte er: »Und wie funktioniert das? Ich meine, wie verschwindest du wieder?«

»Ganz einfach«, sagte der Galimat. »Ich drücke auf meinen Nasel, und schwupp – entmaterialisiere ich mich und bin weg, weg.«

»Was ist denn ein Nasel?«, fragte Jim.

»Na, das hier, hier«, sagte der Galimat und zeigte mit einem Finger auf den kleinen Knubbel mitten in seinem Kugelkörper. Dabei konnte er seine Hand, die vorher fest mit dem Körper verbunden schien, genauso ausfahren wie vorher seine Beine. Fast so, als seien die dünnen Arme, die da zum Vorschein kamen, aus Gummi.

»Ich würde das eher deinen Nabel nennen«, sagte Jim.

»Ist es ja auch, auch«, sagte der Galimat.

»Und warum sagst du dann ›Nasel‹ dazu?«

»Weil es auch meine Nase ist. Nase und Nabel gibt Nasel. Ist doch logisch, logisch«, erklärte der Galimat.

»Dann mach doch mal!«, sagte Jim. »Drück doch mal auf deinen Nabel. *Nabel: Rundliche Vertiefung in der Mitte des menschlichen Leibes.*«

»Warum? Willst du mich weghaben, haben?«, fragte der Galimat.

»Nein. Ich will einfach sehen, wie das geht mit dem Entmaterialisieren!«

Der Galimat drückte mit dem Finger auf den Knubbel. Es schien so, als würde sein ganzer Körper wackeln und zittern, dann wurde der Galimat immer blasser, und schließlich war nichts mehr von ihm zu sehen – bis auf seine langen Ohren. Die standen wie vorher waagerecht in der Luft.

»Na, was sagst du dazu?«, fragte der Galimat und wurde wieder sichtbar. »Entmaterialisiert und wieder materialisiert. Und das ganz ohne Flöten, Flöten.«

»*Flöte: längliches Holzblasinstrument*«, wusste Jim.

»Ich meine: ganz ohne Geflöte. Ein normaler Anfänger macht immer *Fiiiiuuuuuu* dabei. Oder zumindest *Fiiuu*. Aber ich habe es geschafft, mich völlig lautlos zu entmaterialisieren. Perfekt, was, was?«

»Lautlos?« Jim dachte an das Geräusch, das ihn geweckt hatte, und musste grinsen. Aber er wollte den Kleinen nicht enttäuschen, deshalb sagte er nur: »Du warst zwar lautlos, aber trotzdem nicht perfekt. Deine Ohren waren immer noch zu sehen.«

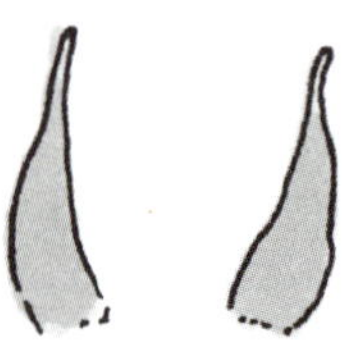

»Meine Ohren? Zu sehen?«, fragte der Galimat erschrocken. »Ich habe es gespürt. Zu viel Materie im oberen Bereich. Ich muss es gleich noch mal versuchen, versuchen.«

Wieder drückte er auf seinen Nasel, und wieder wurde er zunehmend durchsichtig, dann unsichtbar – bis auf seine Füße mit den langen Zehen.

»Na, na?«, fragte der Galimat, als er sich wieder materialisiert hatte.
»Die Füße waren noch da …«, sagte Jim.
»Ich wusste es!«, schimpfte der Galimat und rollte wieder die Augen. »Ich habe es gespürt. Es klappt nicht. Es klappt nicht, es klappt nicht. Jetzt kann es Tage dauern, bis ich wieder aufgeladen bin. Wenn nicht Wochen, Wochen!«
Jim überlegte. *Aufladen: etwas auf ein Fahrzeug laden.* Nein, das war es wohl nicht. Was stand da noch? *Etwas mit elektrischem Strom füllen. Batterien aufladen.* Das war es wohl!
»Und was machst du jetzt?«, fragte er.

»Ich muss einen Suchstrahl losschicken, damit sie mich finden, finden«, sagte der Galimat.
»Dann los!«, sagte Jim. »Ich bin schon gespannt, wer dich findet.«
»Mich wird keiner finden«, sagte der Galimat. »Weil es keinen Suchstrahl gibt. Muss erst aufgebaut werden. Dazu brauche ich Elektro und Vibrationen, Vibrationen.«
»Vibrationen? Was meinst du damit?«, fragte Jim.
»Guck doch in deinem Kopflexikon nach, nach!«, schlug der Galimat vor.
»Das kann ich nicht. Ich bin erst mitten im O. Das V kommt viel weiter hinten.« Jim hatte aber noch eine andere wichtige Frage: »Bleibst du jetzt hier, bis du diese Vibrationen aufgebaut hast? Soll ich dich morgen Onkel Hans-Gert und Tante Larissa vorstellen?«
»Was ist ein Onkel, Onkel?«, fragte der Galimat.
»*Onkel: der Bruder der Mutter oder des Vaters*«, sagte Jim.
»Aha. Bitte sag dem Bruder der Mutter oder des Vaters nicht, dass ich hier gelandet bin«, sagte der Galimat. »Schlimm genug, dass du mich siehst, siehst.«
»Was ist so schlimm daran?«
»Wenn ein Galimat von mehr als sechs Augen gesehen wird, bekommt er zur Strafe ein Jahr lang Materialisationsverbot, Verbot.«

»Wahrscheinlich bist du längst von mehr als sechs Augen gesehen worden«, sagte Jim.
»Mehr als sechs, sechs?«, fragte der Galimat erschrocken.
»Ja. Hier gibt es bestimmt einige Fliegen und vielleicht eine Spinne ...«, sagte Jim.
»Ach so«, sagte der Galimat. »Tiere gelten nicht, nicht.«
»Pssst! Ich glaube, ich habe eine Tür gehört. Schnell, versteck dich!«, bat Jim.
»Nichts leichter als das, das!«, sagte der Galimat und drückte auf seinen Nasel.
Jim rannte zu seinem Bett und hechtete unter die Bettdecke. Gerade noch rechtzeitig, bevor Tante Larissa die Tür öffnete.
»Jim?«, flüsterte sie. »Ich habe mir eingebildet, ich hätte bei dir Stimmen gehört. Entschuldige, wenn ich dich geweckt habe. Gute Nacht, Jim. Schlaf gut!«
»Gute Nacht«, murmelte Jim. »Lass bitte das Licht an!«
Er bemühte sich, nicht in Richtung seines Schreibtischs zu blicken. Wäre Tante Larissa nämlich seinem Blick gefolgt, hätte sie zwei lange, schmale Ohren waagerecht über den Lexikonbänden schweben sehen.

Energiestufe Blau

Nachdem Tante Larissa gegangen war, wartete Jim eine Weile. Dann rief er halblaut: »He, Galimat! Du kannst dich wieder materialisieren. Die Tante ist weg.«
Und wirklich wurde der Galimat gleich darauf wieder sichtbar.
»Du hörst mich also auch, wenn du dich entmaterialisiert hast«, stellte Jim fest.
»Nur wenn ein Teil von mir noch da ist«, sagte der Galimat.
»Ach so! Dann ist es ja gut, dass zu viel Materie oben oder unten in dir steckt«, sagte Jim.

»Ist gut für dich, schlecht für mich«, sagte der Galimat. »Weil ich jetzt hierbleiben muss.«
»Findest du das sehr schlimm?«, fragte Jim.
»Nein, nur ein bisschen schlimm«, gab der Galimat zu. »Ich hätte ja auch bei diesem Bruder der Mutter landen können. Wäre nicht so lustig gewesen wie bei dir, dir.«
»Du findest mich lustig?«, fragte Jim.
Der Galimat nickte. Oder besser: Er fuhr die Beine aus und neigte den ganzen runden Körper vor und zurück.
»Was ist denn lustig an mir?«, fragte Jim weiter.
»Dass du die Lexikone Lexikaka nennst«, antwortete der Galimat lachend. Dabei zog sich sein Mund quer über den ganzen Körper. »Und dass du immer eine Erklärung machen musst, musst.«
»Die anderen aus meiner Klasse finden das gar nicht lustig«, sagte Jim. »Die halten mich für einen Angeber.«
»Lass sie dich doch einfach halten, halten«, schlug der Galimat vor.
»Du hast gut reden!« Jim gähnte.
»Bist du müde, müde?«, fragte der Galimat.
Jim nickte und blickte auf den Wecker. »Es ist ja auch schon ein Uhr! Schläft ein Galimat eigentlich auch?«
»Ein Galimat schläft nicht, er wechselt nur die Farbe«, sagte der Galimat. »Rot ist meine Wach-Farbe, Blau die Schlaf-Farbe. Ich werde jetzt auf Blau umstellen. Ich wünsche guten Energiefluss, Fluss!«
»Gute Nacht, Gali«, sagte Jim.
»Gali?«, fragte der Galimat. »Gali?«
Jim lachte. »Warum nicht? Das klingt doch gut!«
»Gali«, wiederholte der Galimat. »Na gut. Klingt wenigstens besser als Gulli. Gute Nacht, Jim, Jim.«
Als Jim schon fast eingeschlafen war, wurde er noch mal durch ein leises »Jim, Jim!« geweckt.

»Was ist denn noch?«, fragte er schlaftrunken.
Gali stand neben seinem Bett. Er hatte die Beine lang gemacht und flüsterte Jim ins Ohr: »Ich muss noch mal spucken, spucken.«
»Dann nimm wenigstens den Papierkorb«, murmelte Jim. »*Papierkorb: Behälter für Papierabfälle.* Und dann wechselst du bitte schön deine Farbe!«
»Bin ja schon blau, blau«, flüsterte Gali.
Damit war er endgültig still, und Jim schlief ein.

Die Geschichte vom Zauberer Abra Kadabrax

Im Buch »Der tätowierte Hund« trifft der König der Tiere, der Löwe, auf einen merkwürdigen Hund, dessen ganze Haut mit Bildern bedeckt ist. Jedes Bild bedeutet eine Geschichte, belehrt der Hund den Löwen. Und da sie der Löwe unbedingt hören will, erzählt sie nun der Hund. Besonders gerne mag der Löwe Geschichten, in denen die frechen Affen Kukuk und Schlevian eine Rolle spielen. Also erzählt nun der gemusterte Hund von der Reise der beiden Affen zum Zauberer Abra Kadabrax:

Eines Tages sagte der Affe Schlevian zum Affen Kukuk: »Die Leute lachen manchmal über uns, weil wir so große Ohren haben.«

»Das weiß ich!«, sagte der Affe Kukuk.

»Ich weiß gar nicht, warum wir eigentlich nichts dagegen unternehmen«, fuhr der Affe Schlevian fort.

»Gegen die Leute, die lachen?«, fragte der Affe Kukuk.

»Nein, gegen die großen Ohren«, sagte der Affe Schlevian.

»Und was willst du dagegen unternehmen, wenn ich fragen darf? Etwa sie abschneiden oder sie einnähen?«

»Nichts dergleichen! Ich finde, wir sollten sie uns kleiner zaubern lassen.«

»Kleiner zaubern!«, rief Kukuk überrascht. »Wer soll das machen?«

»Einen Urwald weiter wohnt ein weiser Mann, der das Zaubern ganz vorzüglich beherrschen soll. Ich habe es heute von einer Sandmaus erfahren. Sie wohnt in einer Wanderdüne und kommt auf diese Weise ganz schön in der Welt herum.«

»Und der kann Ohren verzaubern?«, fragte Kukuk skeptisch.

»Ohren, Nasen – was du willst. Ich habe, wie gesagt, heute Morgen der Sandmaus mein Leid geklagt, und da hat sie gesagt: ›Aber Herr Affe Schlevian, versuchen Sie es doch einmal bei dem Zauberer Abra Kadabrax. Er ist zurzeit ganz groß in Mode und soll sein Handwerk vortrefflich beherrschen. Frau Geheimrat Schnepfe hat sich wegen ihres langen Schnabels behandeln lassen und war sehr zufrieden, sehr zufrieden, sehr zufrieden. Entschuldigen Sie, dass ich mich so wiederhole, aber wenn ich aufgeregt bin, kommt das leider bei mir häufig vor!‹ – ›Vielleicht sollten Sie deswegen auch einmal diesen Herrn Zauberer aufsuchen‹, habe ich ihr gesagt. Und sie hat ›Ganz recht, ganz recht, ganz recht‹ geantwortet.«

»Hast du sie auch gefragt, wo der Herr Kadabrax wohnt?«, fragte der Affe Kukuk.

»Natürlich habe ich das: im nächsten Urwald, gleich wenn man hineinkommt, auf der rechten Seite.«

»Und es tut auch ganz bestimmt nicht weh?«

»Die Sandmaus hat gesagt, man spüre überhaupt nichts. Er nimmt seinen Zauberstab, spricht einen Zauberspruch, rührt das Ohr an, und schon ist es verkleinert, verkleinert, verkleinert.«

»Dann lass uns doch auf dem schnellsten Weg zu ihm gehen!«, rief der Affe Kukuk begeistert.

»Das schlage ich doch schon die ganze Zeit vor!«, rief der Affe Schlevian zurück, und sie machten sich auf den Weg. Nachdem sie zwei Stunden gewandert waren, ruhten sie sich im Gras aus.

»Eigentlich müssten wir schon da sein«, sagte der Affe Schlevian. »Die Sandmaus hat gesagt, es wären höchstens zehn Kilometer.«
»Bist du sicher, dass du dich nicht verhört hast?«, fragte der Affe Kukuk. »Vielleicht hat sie nicht ›höchstens zehn‹, sondern ›hundertzehn‹ gesagt.«
»Nein, ich weiß es ganz genau: Sie hat dreimal ›zehn Kilometer‹ gesagt.«
»Drei mal zehn! Das sind ja dreißig Kilometer!«, rief Kukuk unglücklich. »Da haben wir ja noch nicht einmal die Hälfte geschafft!«
»Aber nein! Nicht dreißig, sondern zehn Kilometer!«
»Was ist jetzt richtig?«, fragte der Affe Kukuk verständnislos. »Erst sagst du, zehn Kilometer, dann dreißig und dann wieder zehn!«
»Ich habe nicht gesagt, sie hätte ›drei mal zehn‹ gesagt, sondern ich habe gesagt, sie hätte dreimal ›zehn‹ gesagt.«
»Aber das ist doch das Gleiche!«, sagte Kukuk noch mehr verwirrt. »Jetzt kenne ich mich gar nicht mehr aus!«
»Deine Dummheit ist wirklich so groß wie deine Ohren!«, rief Schlevian ungeduldig. »Verstehst du nicht? Sie hat gesagt: ›Zehn Kilometer, zehn Kilometer, zehn Kilometer!‹«
»Ach so«, sagte Kukuk. »Dann müssten wir ja wirklich bald da sein.«
Und sie wanderten auch keine fünf Minuten mehr, da standen sie am Eingang des nächsten Urwalds.

»Eigentlich sieht er aus wie unserer«, meinte der Affe Schlevian und schaute hinein. »Vielleicht, dass die Stämme hier ein kleines bisschen dicker sind als bei uns.«
»Dafür sind die bei uns etwas dünner«, stellte der Affe Kukuk sachverständig fest und ging um einen Baum herum.
»Vielleicht sind die Bäume auch etwas höher als bei uns«, fuhr der Affe Schlevian fort.
»Und die Äste etwas weiter oben«, ergänzte der Affe Kukuk.
»Die Blätter etwas grüner.«
»Und von anderer Farbe als bei uns.«
»Aber sonst«, zogen sie gemeinsam die Schlussfolgerung, »sieht er genauso aus wie unserer!«
Drinnen im Urwald brummte etwas.
»Bitte, nach dir!«, sagte der Affe Schlevian höflich und ließ dem Affen Kukuk den Vortritt.
»Aber nein!«, sagte der Affe Kukuk. »Du bist etwas älter als ich, und die Höflichkeit gebietet, dass ich dich vorangehen lasse.«
»Dann werden wir eben gleichzeitig gehen«, sagte der Affe Schlevian und nahm Kukuk bei der Hand.

Vorerst blieben sie aber nur gleichzeitig stehen, denn ein Tier, das sie noch nie gesehen hatten, streckte seinen Kopf ganz, ganz langsam aus dem Gebüsch.
»Wer bist du denn, bist du denn?«, rief der Affe Schlevian und stotterte vor Aufregung wie eine Sandmaus.
»Ich .... bin ....ein .... Faultier«, sagte das Tier.
Es sprach unendlich langsam und machte zwischen den einzelnen Worten so lange Pausen, dass der Affe Schlevian und der Affe Kukuk währenddessen Nachlaufen spielten, Verstecken, Ochs am Berg und »Fischer, was ist an der Angel?«, um nicht vor Langeweile einzuschlafen.
»Liebes Faultier, kannst du nicht ein wenig schneller sprechen?«, fragten die beiden, als es schließlich seinen Satz beendet hatte.
»Dann .... verspreche .... ich .... mich .... aber .... immer«, sagte das Faultier ein klein wenig schneller.
»Bitte«, fragte der Affe Kukuk, »könntest du uns vielleicht sagen, wie wir zum Zauberer Kadabrax kommen?«
»Ihr .... müsst .... einfach .... dem Lärm .... nachgehen«, sagte das Faultier, diesmal wieder so langsam wie am Anfang.
»Welchem Lärm?«, drängten sie, aber das Faultier schien keine Antwort geben zu wollen.
»Welchem Lärm?«, fragten sie trotzdem noch einmal, merkten dann, dass das Faultier in der Zwischenzeit nur eingeschlafen war, und rüttelten es wach.
»Der .... Zauberer .... schreit .... immer .... beim .... Zaubern«, sagte das Faultier. »Ihr .... müsst .... nur .... der ....«
Sie rüttelten das Tier schnell, und es fuhr fort: »... der ...... Stimme .... nachgehen.«
»Danke!«, riefen die beiden. »Vielen Dank für die Auskunft!« Sie lauschten in den Wald hinein, aber sie hörten nicht den kleinsten Lärm.
»Vielleicht müssen wir einmal rufen«, sagte Schlevian, und gemeinsam riefen sie: »Hallo!«

»Ich glaube, ich höre etwas!«, flüsterte Kukuk nach einiger Zeit. Aber es war nur das Faultier, das »Nichts ...... zu ...... danken!« antwortete.
Sie riefen noch einmal, und wirklich schien es, als ob ihnen jemand aus der Ferne »Hallo« zuriefe.
Da gingen sie mutig in den Urwald hinein und drinnen eine ganze Strecke weiter. Als sie dann wieder stehen blieben und lauschten, war es so still wie in einer leeren Kirche, und sie wussten nicht, wohin sie weitergehen sollten.
Da entdeckten sie einen bunten Vogel mit krummem Schnabel auf einem Ast.
»Wer bist *du* denn?«, fragte der Affe Kukuk.
»Wer bist *du* denn?«, antwortete der Vogel.
»Kannst du mir sagen, wo der Zauberer wohnt?«
»Kannst du mir sagen, wo der Zauberer wohnt?«, wiederholte der Vogel.
»Der sagt alles nach!«, sagte der Affe Kukuk wütend zum Affen Schlevian.
»Der sagt alles nach!«, krächzte der Vogel.
»Ich glaube, das ist ein Papagei«, flüsterte der Affe Schlevian dem Affen Kukuk ins Ohr. »Der hat seinen Spaß daran, immer alles nachzuplappern. Aber lass mich nur machen!« Und laut rief er: »Ich bin ein Papagei und sage euch, wie man zum Zauberer Kadabrax kommt!«
»Ich bin ein Papagei und sage euch, wie man zum Zauberer Kadabrax kommt!«, sagte der Papagei nach.
»Jetzt hast du versprochen, dass du uns den Weg zeigst! Und was man versprochen hat, muss man halten!«, rief Schlevian triumphierend.
Da war der Papagei überlistet und musste ihnen wirklich Rede und Antwort stehen. Es zeigte sich aber, dass er nur in Reimen sprechen konnte, wenn er einmal ausnahmsweise nicht die Worte eines anderen wiederholte.
»Also, wo wohnt der Zauberer?«, fragte Schlevian.
»Siebzig Schritte geradeaus, und ihr seid an seinem Haus!«, sagte der Papagei.
»Und wie kommt es, dass man ihn gar nicht hört?«, fragten die beiden. »Er soll immer solchen Lärm machen.«

Da krächzte der Papagei:

»Im Urwald, da lebte ein Weiser,
der schrie sich beim Zaubern oft heiser.
Man hat sich beschwert,
das sei unerhört.
Jetzt zaubert der Zauberer leiser.«

»Ach so!«, sagten die beiden Affen. »Dann vielen Dank!«
»Dann vielen Dank!«, wiederholte der Papagei ärgerlich und flog davon.
Und wirklich standen sie nach siebzig Schritten vor einem Haus und drückten auf einen Klingelknopf, über dem ein Schild angebracht war: Abra Kadabrax, Zauberer.
Der Zauberer schien nicht zu Hause zu sein, denn im Haus rührte sich gar nichts.

Sie klingelten wieder, dann wieder, dann ganz lange, und obwohl sie schließlich »Alle Vöglein sind schon da« auf der Klingel spielten und dazu sangen, machte keiner die Tür auch nur einen Spalt weit auf.

»Das ist dumm«, sagte der Affe Schlevian. »Jetzt sind wir den ganzen Weg umsonst gegangen!«

»Da ist ein Fenster offen«, sagte der Affe Kukuk, der um das Haus herumgegangen war und eben wieder beim Affen Schlevian ankam.

»Ein Fenster?«, fragte Schlevian und sie sahen sich an.

Und wie der Blitz waren sie um das Haus herumgerannt, kletterten nach Affenart gewandt an der Mauer empor und durch das Fenster ins Innere.

Drinnen standen sie und staunten. Überall lagen dicke Bücher und Zettel mit geheimnisvollen Zeichen. An der Wand standen Regale, auf denen sich Gläser voller roter und grüner Flüssigkeit drängten, dazwischen hingen gerahmte Bilder, die den Zauberer bei der Arbeit darstellten und erläuterten, wie der Zauberstab zu halten sei. Und in einer Nische fanden sie ein goldenes Kästchen.

»Was mag wohl darin sein?«, fragte Schlevian. »Sieh doch mal nach!«

»Nein, du!«

»Nein, du!«

Sie einigten sich wie vorher am Urwaldeingang und machten gemeinsam den Deckel auf. Drinnen lag nichts Geringeres als der Zauberstab höchstpersönlich! Er war aus Elfenbein, mit einem schwarzen Knopf an einem Ende und zwei eingelegten silbernen Streifen am anderen.

»Der Zauberstab!«, riefen sie und betrachteten ihn andächtig. »Ob wir damit auch zaubern könnten?«

»Es käme auf einen Versuch an«, sagte der Affe Schlevian nachdenklich.

»Aber vielleicht ist es gefährlich?«, fragte der Affe Kukuk ängstlich.

»Das glaube ich nicht. Wir können ja auf dem Bild nachsehen, wie man den Stab halten muss.«

»Und woher weißt du den Zauberspruch?«

»Du hast recht«, gab der Affe Schlevian zu. »Es geht nicht!«

Aber jetzt war das Interesse des Affen Kukuk geweckt.

»Und wenn wir ihn nur nehmen und irgendetwas antippen damit – ohne Zauberspruch? Was geschieht wohl dann?«

»Du kannst es ja ausprobieren«, meinte Schlevian zögernd.

Da nahm Kukuk den Zauberstab und tippte damit dem verdutzten Schlevian ganz schnell an die Ohren.

»Ohren, werdet kleiner!«, befahl er dabei.

Es gab ein Geräusch, wie wenn jemand auf seinen Zylinderhut schlägt, und der Affe Schlevian stand ohne Ohren da.

»Du blöder Affe!«, schrie er. »Jetzt hast du mir meine Ohren weggezaubert!«

Voller Wut entriss er Kukuk den Zauberstab und tippte dessen Ohren damit an. Da gab es ein Geräusch, wie wenn ein dicker Pilz platzt, und der Affe Kukuk hatte Ohren, so lang, dass sie bis zu seinen Füßen reichten und noch ein Stück am Boden schleiften.

»Das werde ich dir heimzahlen!«, schrie Kukuk und wollte sich auf Schlevian stürzen.

Der hörte das zwar nicht, weil er ja keine Ohren mehr hatte, aber er sah, wie wütend der andere war. Deswegen rannte er zum Fenster und schwang sich hinaus.

Der Affe Kukuk hätte ihn sicher noch vorher festgehalten, wenn ihm nicht ein Missgeschick zugestoßen wäre: Er trat sich beim Rennen auf die Ohren, fiel zu Boden und riss im Hinstürzen die Gläser vom Regal.
Als er endlich am Fenster war, sah er den anderen schon in einiger Entfernung laufen, deswegen kletterte er wohl etwas zu hastig, griff daneben und stürzte ab.
Erst erschrak er sehr. Doch dann merkte er, dass sich die großen Ohren durch den Fall aufgebläht hatten und er wie an einem Fallschirm sacht in die Tiefe glitt.
Und als er mit den Ohren etwas wackelte, um sie auszuprobieren, ließen sie sich wie Flügel auf und nieder bewegen, und der Affe Kukuk flog schnell wie ein Adler mit kräftigen Ohrenschlägen hinter dem Affen Schlevian her.
Als er ihn eingeholt hatte, ergriff er ihn aus der Luft bei den Haaren, hob ihn hoch und ließ ihn unsanft auf den Boden fallen.
Dabei hatte er in seiner Schadenfreude nicht auf den Weg geachtet. So stieß er mit dem Kopf an einen Baumstamm und stürzte ab.
Da saßen sie nun auf dem Boden nebeneinander, zerzaust, mit brummendem Schädel, der eine ohne Ohren, der andere mit viel zu langen, sahen sich gegenseitig an und mussten lachen.
»Wir wollen Frieden schließen und versuchen, unsere Ohren wieder zurechtzuzaubern«, sagte der Affe Kukuk, und der Affe Schlevian sagte noch einmal dasselbe, weil er nicht hatte hören können, was Kukuk eben gesagt hatte.
Der stand auf, trat sich aus Versehen auf die Ohren und fiel wieder hin, stand noch einmal auf, nahm beide Hände Schlevians in die seinen, und dann rannten sie auf das Haus zu. Dabei schlug er mit seinen Ohren auf und ab, und als sie eine bestimmte Geschwindigkeit erreicht hatten, setzte der Affe Kukuk sanft vom Boden ab, stieg in die Höhe, zog den Affen Schlevian an den Händen mit hinauf, und sie flogen durch das Fenster direkt in das Zauberzimmer.
Dort suchten sie den Zauberstab unter den Scherben der Gläser hervor und versuchten wieder ihr Glück.

Der Affe Kukuk berührte zuerst den Kopf Schlevians an der Stelle, wo früher die Ohren gesessen hatten.
Da wuchsen aus dem Kopf die schönsten, zartesten Ohrenknospen, blühten zusehends auf, entfalteten sich, und der Affe Schlevian hatte seine Ohren wieder. Jetzt nahm er den Zauberstab und berührte die langen Ohren Kukuks damit.
Da richteten sie sich seitwärts auf, immer höher, bis sie waagrecht von seinem Kopf wegstanden, und wie eine Schnecke sich in ihr Haus zurückzieht, wenn man sie antippt, so schrumpften die Ohren zusammen, zogen sich in den Kopf zurück und hörten erst auf damit, als sie ihre ursprüngliche Größe erreicht hatten.
Jetzt waren sie froh, dass sie ihre alten Ohren wiederhatten, und wollten gar keine kleineren mehr.
Aber das Spiel mit dem Zauberstab reizte sie zu sehr, als dass sie nun brav nach Hause gegangen wären. Erst berührte der Affe Kukuk mit dem Stab ein Bild, das einen Vogel darstellte. Da wurde der Vogel lebendig und flog im Zimmer umher.
Der Affe Schlevian wollte nicht zurückstehen und tippte an ein anderes Bild. Da sprang ein dicker Fisch heraus, tänzelte auf seinen Schwanzflossen durchs Zimmer und sang, während der Vogel immer im Kreis um ihn herumschwirrte:

»Ich bin der sehr bekannte,
zu Wasser und zu Lande
beliebte Freitagsfisch.
Es gibt mich freitags frisch
bei jeder alten Tante
auf jedem Mittagstisch!«

Das gefiel den beiden Affen. Sie sangen den Refrain mit: »Es gibt mich freitags frisch auf jedem Mittagstisch«, tanzten übermütig, und schließlich packte der

Affe Schlevian den Fisch, setzte ihn auf den Tisch, setzte sich ebenfalls darauf und klopfte mit dem Zauberstab an die Tischplatte.
Da bewegte der Tisch seine Beine, erst langsam und prüfend, dann immer schneller, und trabte mit dem Affen Schlevian und dem Fisch auf seinem Rücken im Zimmer umher.
Schnell setzten sich der Affe Kukuk und der Vogel auf die Bank und berührten sie ebenfalls mit dem Zauberstab. Da galoppierte die Bank hinter dem Tisch drein wie ein Fohlen hinter der Stute.
Das gefiel den vieren natürlich noch mehr. Sie galoppierten aus der Tür, durch den Flur und wieder zurück, veranstalteten Pferderennen und tobten schließlich so durch das Zimmer, dass sie alle Bücher von den Regalen stießen, alle Flaschen zerbrachen und viele Bilder von den Wänden rissen.
Da ging plötzlich die Tür auf, und der Zauberer stand im Zimmer! Schlevian und Kukuk wollten schnell davonreiten, aber Tisch und Bank hatten vor Schreck steife Beine bekommen und standen unbeweglich wie zuvor.

Man konnte dem Zauberer ansehen, wie wütend er war: Er war ganz grün im Gesicht, die Haare standen in die Höhe, und die Augen sprühten.
Er griff nach einem Stock und schlug damit auf die Affen, den Fisch und den Vogel ein. Weil er aber aus Versehen den Zauberstab dazu genommen hatte, zauberte der Stab die vier zusammen.
Dem Affen Kukuk hatte er auf den Rücken geschlagen, den Fisch auf den Kopf und den Vogel auf die Flügel getroffen. Da saß der Affe Kukuk auf dem Boden, hatte einen Fischkopf und statt der Arme Flügel.
Der Affe Schlevian hatte die restlichen Teile bekommen und sah noch schlimmer aus: Auf Vogelbeinen stand ein schuppiger Fischleib und hatte den Kopf vom Affen Schlevian.
»Bin ich jetzt ein Fischaffenvogel oder ein Vogelfischaffe oder ein Affenvogelfisch?«, fragte er verzweifelt.
»Und ich?«, jammerte Kukuk. »Bin ich ein Affenfischvogel oder ein Fischvogelaffe oder ein Vogelaffenfisch?«

Da musste der Zauberer trotz aller Wut fast lachen. Er berührte sie wieder mit dem Zauberstab, und da hatten alle wieder ihre alte Gestalt.
»Bevor ich euch bestrafe«, sagte er dann streng zu den Affen, »werdet ihr erst die Scherben beiseiteräumen, die ihr überall verstreut habt!«
Und zu dem Fisch und dem Vogel sagte er: »Euch aber werde ich wieder in die Bilder verwandeln, die ihr gewesen seid.«
Damit nahm er den Fisch, hielt ihn an die Wand, berührte ihn mit dem Stab, und so schnell, dass man gar nicht zusehen konnte, war aus dem Fisch ein Bild mit dickem Goldrahmen geworden.
Jetzt griff er nach dem Vogel, aber der versuchte zu entkommen und flatterte überall im Zimmer umher. Der Zauberer, der hinter ihm herrannte und ihn einfangen wollte, stolperte über die Bank, die noch mitten in der Stube stand, wo sie stehen geblieben war, und fiel der Länge nach auf den Boden.
Da dachten die beiden Affen, jetzt sei die Gelegenheit zur Flucht günstig, und sie rannten auf das Fenster zu, um hinauszuklettern.
Sie hatten sich verrechnet, denn der Zauberer beherrschte sein Handwerk so vollkommen, dass er sogar über einige Entfernung hinweg zaubern konnte. Er murmelte schnell einen Zauberspruch und wies, auf dem Bauch liegend, mit dem Zauberstab in Richtung der beiden Affen. Die konnten keinen Schritt weitergehen und waren wie aus Stein.
Der Zauberer stand langsam auf, wischte den Staub von seinem Zaubermantel und trat auf die beiden Affen zu.
»Euch werde ich es zeigen!«, sagte er drohend. »Ihr glaubt wohl, ihr könnt einen Zauberer wie Abra Kadabrax an der Nase herumführen?«
Erst fing er den Vogel und strich ihm mit dem Stab über den Kopf. Dann murmelte er etwas und stieß dem Affen Kukuk mit dem Stab vor den Bauch. Da wurde der Affe Kukuk kleiner und kleiner – wie ein Luftballon, aus dem man die Luft herauslässt. Und der Vogel wurde größer und größer – wie der gleiche Luftballon, wenn man Luft hineinpumpt.
Als beide gleich groß waren (oder gleich klein, je nachdem, ob man es mit den

Augen des Vogels oder des Affen betrachtet), murmelte der Zauberer abermals einen Spruch.

Es gab einen Knall, wie wenn der Luftballon platzt, und dann hatte der Affe Kukuk einen Vogelkopf und der Vogel den Kopf des Affen Kukuk.

»Und nun zu dir!«, sagte der Zauberer zum Affen Schlevian und lächelte böse.

Dann sagte er dreimal schnell »Knixknoroax« hintereinander, tippte ihm mit dem Stab auf die Nase, und da begann eine schreckliche Verwandlung mit ihm: Seine Arme verschmolzen mit dem Körper, der immer dünner wurde, seine beiden Beine wurden zu einem Bein, das auch noch dünner wurde und sich streckte.

Und schließlich war der Affe Schlevian nichts anderes mehr als eine lange Röhre, unten dünn und oben dicker, an deren dickem Ende der Kopf saß. Die Haut wurde härter und glänzender, und als der Zauberer die Röhre in die Hand nahm, sie wohlgefällig betrachtete und dann in das untere Ende hineinblies, ließ es sich nicht länger verheimlichen: Der Affe Schlevian war zu einer großen Trompete geworden! Unten blies der Zauberer hinein, und aus dem geöffneten Mund Schlevians kam die Musik heraus. Erst musste er etwas üben, bis er das ungewöhnliche Instrument beherrschte, aber nach wenigen Minuten konnte er alle Melodien blasen, die er blasen wollte, und weit schallte es durch den Urwald, als er das Lied von dem Vogelaffen und dem Affenvogel spielte. Dazu mussten der Vogel und der Affe Kukuk den Text singen:

»Der Affenvogel tanzte
zu Hause einen Tanz.
Da kam ein Vogelaffe
und trat ihm auf den Schwanz.
Der Affenvogel schrie:
›Mein Herr, verschwinden Sie!
Ich hab Sie nicht gebeten,
mir auf den Schwanz zu treten!‹
›Es ist nur wenig vornehm,
den Gast so zu beschümpfen!‹,
sagte der Vogelaff
und ging mit Schnabelrümpfen.«

Schließlich hatte der Zauberer lange genug gespielt, und es machte ihm keinen Spaß mehr.
Er gab allen dreien wieder ihre Gestalt, nahm erst den Vogel und machte ihn zu einem Bild, dann ging er auf den Affen Schlevian zu und berührte auch ihn mit dem Stab. Da wurde er ebenfalls zu einem prächtigen Bild mit herrlichen Ornamenten darauf, Blumen und Pflanzen und kleinen Bildern dazwischen, die Begebenheiten und Geschichten darstellten.
Erst wollte er auch den Affen Kukuk in ein Bild verwandeln, dann kam ihm eine bessere Idee. Er machte einen Hund aus ihm und sagte: »Du wirst in Zukunft das Haus bewachen, wenn ich es einmal verlasse. Damit sich in meiner Abwesenheit nicht wieder solche Katastrophen ereignen wie heute!«
Wie er das sagte, stand er gerade unter dem Bild, das vorher der Affe Schlevian gewesen war. Da löste es sich von der Wand und fiel ihm auf den Kopf.

Der Zauberer fiel um, die Brille rutschte ihm von der Nase, der Zauberhut wurde zerdrückt, und der Zauberstab fiel ihm aus der Hand.
Da nahm der Hund, der seinen Gefährten Schlevian nicht allein zurücklassen wollte, schnell das Bild zwischen die Zähne und versuchte, mit ihm zusammen zu fliehen.
Weil es so schwer war, ging er rückwärts und schleifte das Bild in seinem Maul hinter sich her, und dabei trat er auf den Zauberstab. Kaum hatte er ihn berührt, so wirkte dessen Kraft: Der Hund und das Bild wurden zusammengezaubert. Sein Rücken, sein Bauch, seine Beine – alles war über und über mit bunten Bildern bedeckt, als wären sie eintätowiert worden.
Als der Hund das merkte, freute er sich sehr, weil er nun das schwere Bild nicht mehr mühsam ziehen musste, sondern es auf der Haut hatte.
Wie der Blitz rannte er aus der Tür, und ehe der verdutzte Zauberer so recht wusste, was geschehen war, war der Hund im undurchdringlichen Unterholz des Urwalds für immer verschwunden.
»Und man hat diesen tätowierten Hund niemals mehr gesehen?«, fragte der Löwe traurig.
»Niemals!«, sagte der tätowierte Hund.
»Das ist traurig«, seufzte der Löwe. »Nie mehr gesehen!«
Und je eine Träne trat in seine Augen.
Der tätowierte Hund, der den Löwen lieber lachen sah, versuchte ihn zu trösten.

»Jetzt erzähle ich dir die Geschichte, wie sich der Affe Kukuk aus Versehen auf einen Igel setzte«, sagte er. »Das wird dich aufheitern.«
Aber der Löwe schüttelte kläglich den Kopf.
»Oder die Geschichte, wie der Affe Schlevian einen Schwarzbären mit einer Blaubeere verwechselte? Die wird dir bestimmt Spaß machen.«
Aber der Löwe schüttelte nur den Kopf.
»Ja, gibt es denn gar nichts, was dich wieder lustig machen könnte?«
»Doch«, erwiderte der Löwe und seufzte noch einmal. »Ich werde erst dann wieder lustig, wenn du mir die Geschichte auf deinem linken Ohr erzählst«, sagte er schlau und seufzte schnell ein drittes Mal, als er sah, wie sich das Gesicht des Hundes verzog.
Nun seufzte auch der Hund, und schließlich sagte er: »Wenn es nicht anders geht, werde ich wohl mein Ohr hochklappen müssen« Und er tat es.
Der Löwe vergaß sofort seinen Kummer, setzte die Brille auf und betrachtete die Zeichnung.
»Ein tätowierter Hund!«, rief er erstaunt.
»Ganz recht, ein tätowierter Hund«, bestätigte der Hund. »Bevor ich dir aber die Geschichte erzählen kann, muss ich dir die Zeichnung genauer erklären. Sie ist nämlich nicht einfach, die Geschichte! Was hat der Hund auf meinem Ohr auf seinem linken Ohr?«
Der Löwe betrachtete die Zeichnung genauer und rief dann aus: »Wieder einen tätowierten Hund!«

»Und was«, fragte der tätowierte Hund beharrlich weiter, »ist auf dem linken Ohr des tätowierten Hundes zu sehen, der auf dem linken Ohr des tätowierten Hundes zu sehen ist, der auf meinem Ohr zu sehen ist?«
»Wie meinst du?«, fragte der Löwe verwirrt. »Du stotterst ja plötzlich!«
Und der Hund wiederholte seine Frage.
»Du meinst, ich soll nachsehen, was auf dem linken Ohr des Hundes auf dem Ohr des Hundes auf deinem Hund beziehungsweise auf deinem Ohr zu sehen ist?«, fragte der Löwe und war noch mehr durcheinander.
Der Hund nickte.
Der Löwe sah sich die Zeichnung an und rief dann aufs Höchste überrascht aus: »Aber da ist ja wieder ein noch kleinerer tätowierter Hund darauf!«
»Ich weiß«, entgegnete der Hund ruhig. »Und jetzt möchte ich wissen, was auf dem linken Ohr dieses tätowierten Hundes zu sehen ist, der auf dem linken Ohr des Hundes zu sehen ist, der auf dem linken Ohr des Hundes abgebildet ist, der auf meinem Ohr eintätowiert ist.«
»Wie? Was?«, rief der Löwe verstört. »Willst du mich denn verrückt machen?«
»Es tut mir leid«, sagte der Hund. »Aber bevor ich die Geschichte erzählen kann, müssen alle Zusammenhänge geklärt werden, sonst ist die Geschichte zu verwirrend!«
»Du willst wissen«, wiederholte der Löwe gequält, »was auf dem linken Ohr des linken Ohres des Hundes, des linken Hundes … Nein, ich kenne mich nicht mehr aus!«
»Versuch es nur noch einmal!«, befahl der Hund geduldig.
»Du willst also wissen, was auf dem linken Hund des tätowierten Ohres zu sehen ist, der … Nein, es ist zum Verrücktwerden!«, rief der Löwe und wurde immer wütender.
»Du musst es nur in Ruhe überlegen!«, belehrte ihn der Hund.
»Was ist auf dem linken Ohr des Hundes eintätowiert, der auf dem linken Hund … dem linken Ohr … dem Ohr … Nein, das soll herausfinden, wer

mag!«, schrie der Löwe in höchster Wut. »Deine Geschichten hängen mir zum Hals heraus!« Er nahm seine Aktentasche, warf seine Brille hinein, murmelte böse: »Ich muss jetzt regieren! Ich habe keine Zeit, mir alberne Geschichten anzuhören. Lebe wohl!« Und ging seiner Wege.

»Es ist doch jedes Mal das Gleiche!«, sagte der tätowierte Hund. »Und dabei ist es so einfach:
Auf dem linken Ohr des tätowierten Hundes, der auf das linke Ohr des Hundes tätowiert ist, der auf dem Ohr des Hundes eintätowiert ist, der auf meinem Ohr tätowiert ist, ist natürlich wieder ein tätowierter Hund tätowiert! Aber die Leute können ja nicht einmal die einfachsten Fragen beantworten. Wie soll ich ihnen dann Geschichten erzählen!«

Damit verschwand er in westlicher Richtung im Urwald, da, wo das Unterholz ganz dicht ist, und seitdem hat man ihn nicht wieder gesehen.

Matti, Momme und die Zauberbohnen

Ziemlich weit weg, ungefähr auf halbem Weg zwischen hier und Liliput, liegt die Insel Momps. Dort leben die Mompse.
Mit ihren Stachelhaaren sehen sie ein bisschen wie zu groß geratene Igel aus. Bei Gefahr kugeln sie sich auch wie die Igel ein und richten ihre Stacheln nach außen. Trotzdem sind sie natürlich keine Tiere, sondern Mompse.
Mompse wohnen in Kürbishäusern. Die Kürbisse dort sind ungefähr so groß wie bei uns ein doppelstöckiger Reisebus. Ist ein Kürbis reif, sägt man eine Tür hinein, isst das Innere auf, und schon kann man einziehen.

Unsere Geschichte handelt von zwei jungen Mompsen, von Matti und Momme, die zusammen in einem Kürbis wohnten.
Matti und Momme waren Brüder. Sie sahen sich zwar ziemlich ähnlich, trotzdem waren sie sehr verschieden. Matti war der mutigste Momps auf der ganzen Insel. Er kugelte sich fast nie ein und konnte mit einem einzigen Faustschlag einen Kürbiskern zertrümmern. Einmal war er sogar nachts bei völliger Dunkelheit mindestens vier Meter vor das Haus gegangen. Vor den Kürbis, besser gesagt. Außerdem war er der einzige Momps weit und breit, der ein bisschen schwimmen konnte. Obwohl die Mompse auf einer Insel wohnen, trauen sie sich nämlich nur bis zu den Knien ins Wasser.
Momme dagegen war selbst für einen Momps sehr vorsichtig. Er kugelte sich schon ein, wenn ein Falter vorbeiflatterte. Und selbst mit einer Laterne hätte er sich nachts nicht einen Schritt aus dem Haus gewagt. Aus dem Kürbis, besser gesagt.
Trotzdem kamen Matti und Momme gut miteinander aus. Momme kümmerte sich um den Haushalt. Am liebsten kochte er, putzte und scheuerte die Wohnung und staubte die Wände ab. War er damit fertig, bügelte er Tischdecken und Servietten mehrmals von beiden Seiten oder stickte kleine Kürbisblüten auf die Vorhänge.

Matti dagegen arbeitete gerne draußen, spaltete Kürbiskerne mit der Axt, reparierte die Hausglocke und dachte sich allerlei nützliche Dinge aus. Seine beste Erfindung war eine Maschine, die Bohnen pflücken konnte und dabei Musik machte.

Aber alles änderte sich, als Matti eines Tages mit dem Essen nicht zufrieden war. Er kam in die Küche, guckte in den Kochtopf und fragte: »Was gibt's denn heute? Hoffentlich nicht schon wieder Kürbissuppe!«

»Doch, genau die gibt es!«, antwortete Momme.

Dabei betrachtete er kopfschüttelnd die Schmutzspuren auf dem Küchenboden. Matti hatte mal wieder vergessen, die Füße abzuputzen, bevor er den Kürbis betrat.

»Ich kann Kürbissuppe nicht mehr sehen, nicht mehr riechen und schon gar nicht essen!«, rief Matti.
Momme fragte: »Soll ich uns Kürbisbrei mit grünen Bohnen kochen?«
»Bäh!«
»Kürbisschnitzel mit Bohnenkernen?«
»Igitt!«
»Oder gefüllten Kürbis auf Momps-Art?«
»Grässlich!«
»Was ist los? Bist du schlecht gelaunt?«, fragte Momme.

Matti sagte: »Ich bin bestens gelaunt. Ich hab's nur satt, immer Kürbis mit Bohnen oder Bohnen mit Kürbis zu essen.«

»Wie du vielleicht weißt, lieber Matti«, entgegnete Momme, »wie du vielleicht weißt, wachsen auf Momps nur Kürbisse und Bohnen.«

»Eben. Höchste Zeit, dass wir mal verreisen«, sagte Matti. »Bestimmt gibt's woanders was anderes zu essen.«

Momme lachte. »Verreisen? Wie du vielleicht weißt, lieber Matti, ist Momps eine Insel. Rundherum gibt es nur Wasser.«

»Und wenn wir ein Schiff bauen und damit wegschwimmen?«

»Ein Schiff?«, rief Momme. »Viel zu gefährlich. Wie du vielleicht weißt, lieber Matti, können Mompse nicht schwimmen.«

Matti antwortete: »Mompse nicht, aber Schiffe. Und wenn du nicht mitkommst, geh ich eben allein auf die Reise.«

»In deinem Kürbiskopf sind wohl die Kerne locker!«, rief Momme. »Du kannst nämlich gar kein Schiff bauen. Niemand auf Momps kann Schiffe bauen.«

Das hätte er lieber nicht sagen sollen. Denn nun wollte ihm Matti unbedingt beweisen, dass er es doch konnte.

Es dauerte eine Woche, dann war das Boot fertig.

Momme sagte: »Matti, du willst doch nicht im Ernst wegschwimmen und mich allein lassen!

Überleg's dir noch mal, ja?«

»Ich lass dich nicht allein«, sagte Matti. »Im Boot ist Platz für zwei. Komm mit!«

»Ins Boot? Aufs Meer? Nie im Leben!«, rief Momme und schüttelte sich.

»Das ist unüberlegt, unvorsichtig und viel zu gefährlich. Außerdem solltest du erst beim Uralt-Momps nachfragen, ob du das überhaupt darfst.«

»Meinetwegen«, sagte Matti. »Los, gehen wir zum Uralten!«

Der uralte Momps war ein Zauberer und wurde bei allen wichtigen Entscheidungen befragt.

Er kratzte sich lange und nachdenklich zwischen den Kopfstacheln und sagte schließlich: »Seit ich hier lebe, hat noch nie ein Momps die Insel verlassen. Holt mir doch mal das alte Buch! Es muss oben im Regal stehen.«
Es dauerte eine Weile, bis die beiden das Buch gefunden hatten, und noch eine Weile, bis sie es dem Zauberer überreichen konnten. Denn das Buch war wirklich sehr alt und ziemlich verstaubt. Momme gab es erst aus der Hand, nachdem er es gründlich abgestaubt und mit einem feuchten Lappen abgewischt hatte.
Der Alte guckte unter »B« wie »Boot«, fand aber nichts. Dann guckte er unter »S« wie »Schiff«, leider auch vergeblich. Er dachte lange nach und schlug das Buch schließlich bei »R« auf.

»Da haben wir es ja«, sagte er zufrieden. »Es steht unter ›Reise‹, wie ich's mir gleich gedacht habe.«
Er las vor: »Jeder Momps, der unsere Insel verlässt, bekommt drei Zauberbohnen mit auf den Weg. Bei Gefahr oder Bedarf schlucke er eine Bohne, wünsche sich was …«
»Und das geht dann in Erfüllung?«, fragte Matti.
»Stimmt. Woher weißt du das? Hast du heimlich im Buch gelesen?«, fragte der Zauberer.
»Nein, ich hab's mir nur so gedacht«, sagte Matti.
»Äußerst klug überlegt!«, lobte ihn der Zauberer.
Er holte drei getupfte Zauberbohnen aus der getupften Zauberbohnendose und drückte sie Matti in die Hand.

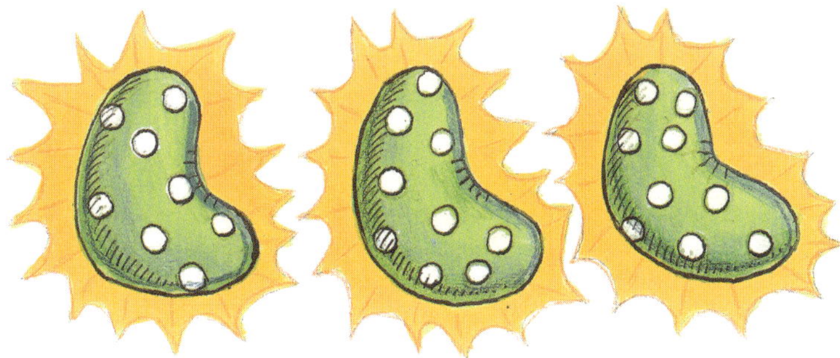

»Hier!«, sagte er. »Verlier sie nicht. Und geh vorsichtig damit um. Es sind Windbohnen. Sie machen beim Zaubern ziemlichen Wirbel. Höchst wirksam! Wenn du also Heimweh nach Momps bekommst, weißt du ja, was du tun musst.«
»Natürlich«, sagte Matti. »Dann setz ich mich in mein Boot, ziehe das Segel auf …«
»Unsinn! Dummes Zeug!«, rief der Zauberer. »Du schluckst eine Zauberbohne und wünschst, dass du auf der Stelle zu Hause bist. Und nun viel Glück unterwegs!«
Bereits am nächsten Morgen machte sich Matti auf die Reise. Momme kam mit an den Strand.
Er weinte beim Abschied. Auch Matti war gerührt.
»Sei nicht traurig, Momme«, sagte er. »Ich schenk dir auch was, damit du manchmal an mich denkst: Hier hast du eine von meinen Zauberbohnen!«

Matti stieg in sein Boot und setzte die Segel. Ein günstiger Wind wehte vom Land her. Schon bald war Matti auf hoher See. Die Insel wurde kleiner und kleiner, bis sie nur noch ein dunkler Strich über dem Horizont war. Schließlich verschwand sie ganz.

Gegen Abend tauchte vor ihm ein anderer dunkler Streifen auf: Land in Sicht! Schwärme unbekannter Fische schwammen Matti entgegen und kreisten um sein Boot, bis er am Ufer eines unbekannten Landes anlegte.

Gleich hinter dem Strand ragte ein dichter, hoher Wald auf. Neugierig ging Matti hinein und drinnen ein ganzes Stück weiter. Was für riesige Bäume, was für üppige Blätter, was für saftige Blüten, was für ein Duft! Und was für merkwürdige Tiere!

Aha, diese gelben Früchte konnte man also essen! Unvergleichlich lecker; kein Vergleich zu Kürbisbrei und Bohnenmus!

Am Abend, als die Sonne wie ein reifer Kürbis hinter den Urwaldbäumen unterging und die Urwaldblumen ihre großen Blütenkelche schlossen, saß Matti unter dem Zweigdach einer Hütte, die er sich selbst gebaut hatte. Er biss ab und zu in eine der gelben Früchte und dachte: Wie schade, dass Momme das nicht miterleben kann. Dieses Obst hier würde auch ihm besser schmecken als alle Kürbisse der Welt. Was er wohl gerade macht?

Momme hatte das Kürbishaus auf Hochglanz gebracht, die Wände mehrmals feucht gewischt, die Fenster geputzt und den Fußboden so lange gewachst und gebohnert, bis er sich in ihm spiegeln konnte. Nun saß er auf einem Stuhl mitten im Zimmer und redete mit seinem Spiegelbild.

»Es ist gar nicht schlecht, allein zu sein. Jetzt latscht hier wenigstens keiner mehr mit schmutzigen Schuhen durchs Haus«, sagte er. »Findest du nicht auch?«

Aber sein Spiegelbild im Fußboden schüttelte traurig den Kopf.

»Natürlich würde ich Matti gern die Wohnung zeigen«, musste Momme zugeben. »So gut aufgeräumt war sie noch nie. Ich wünschte, er wäre hier. Ich wünschte … Ich wünschte …«
Mit einem Mal kam ihm ein Gedanke. Wozu hatte er die Zauberbohne!
Im fernen Urwald hatte Matti gerade eine ähnliche Idee.
»Eine Zauberbohne kann ich ruhig verbrauchen, schließlich habe ich ja zwei davon«, sagte er sich. »Momme wird vielleicht staunen!«
Schon hatte Matti die Zauberbohne aus der Tasche geholt …

Schon nahm Momme seine Zauberbohne aus der untersten Schublade des Küchenschranks …
Schon schluckten beide ihre Bohne …

Und genau zu der Zeit, als Matti sagte: »Ich wünsche, dass Momme hier ist, hier im Urwald!«, da sagte Momme: »Ich wünsche, dass Matti wieder zu Hause ist, hier in unserem Kürbis!«
Ein gewaltiger Sturm wirbelte Mattis Blätterhütte in die Höhe und fegte sie wie eine trockene Bohnenschote durch den Wald. Gleichzeitig fuhr ein Luftwirbel mit mindestens hundert Stundenkilometern durch das Kürbishaus, warf den Tisch gegen die Wand, den Bohnenstrohteppich übers Bett und schleuderte die Stühle durch die Tür nach draußen.

Als sich der Wirbelsturm gelegt hatte, stand Matti im verwüsteten Kürbishaus, während Momme im Urwald entsetzt »Hilfe!« schrie und sich sofort einkugelte. Da lag er dann und rührte sich nicht von der Stelle.

Matti war wenigstens zu Hause gelandet, wo er sich auskannte.

Er rief: »Das darf doch nicht wahr sein! Wie bin ich denn in unseren Kürbis gekommen? Momme? Wo ist Momme? Um Himmels willen, den habe ich ja gerade in den Urwald gewünscht! Ich muss ihn sofort zurückzaubern.«

Schon griff er in die Tasche, um die letzte Zauberbohne zu schlucken.

Doch dann zögerte er und sagte: »Momme fällt vor Schreck in Ohnmacht oder bekommt einen Schreikrampf, wenn ich ihn hier in dieses Durcheinander wünsche! Ich muss erst mal die Wohnung aufräumen. Es wird schon nichts passieren im Urwald. Wie ich ihn kenne, bleibt er sowieso die ganze Zeit genau da eingerollt liegen, wo ich ihn hingewünscht habe.«
Momme blieb wirklich erst mal eingerollt und wartete.
Es wurde Nacht, und es wurde wieder hell, und immer noch lag er da.
Aber mit der Zeit bekam er Hunger.
Ganz vorsichtig entrollte er sich und guckte sich um:
Bäume, nichts als Bäume! Wie war er nur in diesen Wald geraten? Musste er jetzt hier verhungern?

Vor ihm auf dem Boden lag eine unbekannte gelbe Frucht.
Momme biss vorsichtig hinein.
Erst schmeckte es ihm nicht besonders gut. Doch als er die dicke Schale abgezogen hatte und noch einmal hineinbiss, war er richtig begeistert.
»Das schmeckt ja noch besser als Kürbispudding!«, sagte er schmatzend.
Aber was machte man im Urwald nur mit den Schalen? Was war das nur für eine Unordnung! Gab es denn hier keinen Papierkorb oder so was Ähnliches?
Vorsichtig, Schritt für Schritt, ging Momme tiefer in den Urwald hinein. Besser gesagt, aus dem Urwald heraus, denn in dieser Richtung ging's zum Strand. Aber das wusste Momme nicht. Außerdem kugelte er sich sowieso schon wieder ein, denn gerade kam ein grässlich-großes Tier angestapft. Das Ungetüm beschnüffelte ihn mit seinem langen, grauen Rüssel. Aber dann stach es sich wohl ein wenig an den aufgerichteten Stacheln, denn es schnupperte nun viel, viel vorsichtiger. Nach einer Weile kam es anscheinend zu dem Entschluss, dass dieses runde Ding nicht essbar war, und beförderte Momme mit einem Fußtritt in die Luft. Der prallte am Boden auf, rollte noch ein ganzes Stück weiter und blieb schließlich zwischen den Zweigen eines Busches hängen.
Dort entkugelte er sich und sagte empört: »Eine derartige Unverschämtheit habe ich in meinem ganzen Leben noch nicht erlebt. So eine bodenlose Frechheit! Dieses Tier kickt mich weg wie einen Fußball! Und da kommt ja noch so ein Riesentrampeltier!«
Er war schon dabei, sich wieder einzukugeln, da fiel ihm rechtzeitig ein, was diese Tiere mit eingerollten Mompsen anstellen. So verzog er sich lieber tiefer in die Büsche.
Das zweite Tier stapfte an ihm vorbei, ohne ihn zu beachten.
Momme guckte ihm nach und sagte: »Na, so was! Wer hätte das gedacht: Ich habe mich nicht eingekugelt, und mir ist trotzdem nichts passiert. Es ist also manchmal klüger, schnell wegzurennen. Das muss ich mir gut merken.«
Ganz fröhlich spazierte er weiter. Er pflückte Früchte von den Zweigen, erst nur die gelben, dann auch rote und braune, und biss vorsichtig hinein.

»Die Früchte hier sind wirklich gut«, stellte er fest. »Aber ihre Schalen schmecken abscheulich. Was mache ich nur damit? Ich kann die Schalen ja nicht einfach wegwerfen. Oder doch?«

Er schaute sich lange um und sagte schließlich: »Hier liegt sowieso alles kreuz und quer durcheinander. Ein bisschen mehr oder weniger Unordnung fällt gar nicht auf.«

Und er warf die gelben Schalen in hohem Bogen durch die Bäume. Weil er feststellte, dass es Spaß machte, warf er die roten und braunen gleich hinterher. Laut pfeifend marschierte er weiter.

Langsam machte ihm die Wanderung richtig Spaß. Manchmal blieb er stehen, um den seltsamen Schreien der bunten Vögel zuzuhören. Oder er beguckte sich die hohen Bäume mit ihren riesigen Blättern, zwischen denen das Sonnenlicht hell aufblitzte. Eine große Urwaldblüte gefiel ihm ganz besonders. Er pflückte sie einfach und setzte sie sich als Sonnenhut auf den Kopf.
In der Zwischenzeit stellte Matti die Möbel wieder auf. Dabei räumte er die Wohnung gleich ein wenig um. Eigentlich sah der Tisch auf der anderen Seite viel besser aus, fand er. Nun musste er aber das Sofa umstellen, die Stühle verrücken und die Lampe umhängen. Das sah richtig hübsch aus. Nur die Tischdecke passte überhaupt nicht zu den Vorhängen. Merkwürdig, dass ihm das

früher nie aufgefallen war. Wo bewahrte Momme eigentlich die Tischdecken auf? Er kramte in der Schublade. Oh, was gab es da für schöne Stoffe!
Und die lagen alle in der dunklen Schublade und wurden nie benutzt. Was für herrliche Vorhänge und fabelhafte Tischdecken könnte man daraus nähen! Wo hatte Momme nur die Nähmaschine versteckt? Was er wohl gerade machte? Wahrscheinlich liegt er immer noch eingekugelt da, wo ich ihn hingezaubert habe, sagte er sich. Der wird vielleicht staunen, wenn ich ihn in unsere schöne neue Wohnung zurückwünsche!
Momme hatte inzwischen das Meeresufer erreicht. Dort, auf dem Sand, lag ein Boot, das Kürbis-Boot! Hier war Matti also gewesen, bevor Momme ihn zurückgewünscht hatte!
Momme schob das Boot ins Wasser, stieg hinein und fing an zu paddeln. Als er sich nach einer Stunde zum ersten Mal umdrehte, war der Urwald nur noch ein dunkelgrüner Streifen über dem Horizont, kaum breiter als ein Bohnenbrot.
Matti hatte währenddessen im Kürbishaus neue, grüne Vorhänge vor die Fenster gehängt und eine geblümte Decke über den Tisch gebreitet. Und weil noch einige schöne Stoffe übrig geblieben waren, bespannte er die Wände damit. Jetzt sah das Zimmer wie eine gemütliche Urwaldhöhle aus. Das brachte Matti auf eine neue Idee.
Erst malte er einen sandgelben Streifen unten an die Wand, dann strich er den Fußboden blaugrün wie das Meer. Als die Farben trocken waren, zupfte er die Vorhänge zurecht, rückte einen Stuhl gerade und wischte mit dem Staublappen noch einmal über die Fensterbretter.

Dann setzte er sich schließlich aufs frisch gesaugte Sofa und sagte glücklich: »Nicht einmal Momme hätte die Wohnung so hübsch herrichten können. Ich bin gespannt, was er dazu sagt. Höchste Zeit, dass ich ihn zurückzaubere!«
Er fasste in die Tasche, holte die letzte Zauberbohne heraus und wollte sie gerade in den Mund schieben, da ging die Kürbistür auf, Momme kam nass und fröhlich hereingestürmt und rief: »Hallo, Matti, da bin ich wieder! Da staunst du, was? Ich hab ja so viel erlebt, das muss ich dir gleich erzählen.«
»Hallo, Momme«, antwortete Matti verblüfft. »Gerade wollte ich dich herzaubern. Schön, dass du wieder da bist. Aber sag mal: Hättest du nicht die Füße abputzen können? Guck mal, wie jetzt der Boden aussieht! Alles nass und voller Schmutz!«
Momme lachte. »Lass doch den doofen Boden, wir ziehen sowieso aus«, sagte er und setzte sich neben Matti aufs Sofa. »Du hast ja so recht: Reisen ist wirklich wunderschön. Und zu zweit wird es noch viel schöner.«

»Wie bitte? Verreisen?«, fragte Matti. »Jetzt, wo ich unser Haus so wunderschön eingerichtet habe? Nie und nimmer! Ich bleibe hier.«
»Hast du schon vergessen, dass du unbedingt von hier wegwolltest?«, rief Momme. »Los, komm mit!«
Matti schüttelte den Kopf. »Ich denke nicht daran!«
»Dann machen wir eben erst mal eine kleine Reise«, schlug Momme vor. »Nur bis zur anderen Inselseite. In drei Tagen sind wir wieder zurück.«
Matti schüttelte noch einmal den Kopf. »Nein, nein. Ich bleibe lieber hier«, sagte er.
»Hier ist's viel gemütlicher als irgendwo da draußen auf der Straße oder am Strand. Übrigens hättest du ruhig ein Handtuch unterlegen können, bevor du dich auf unser Sofa setzt. Nun ist alles voller Sand.«
Momme stand wieder auf. »Wenn du nicht mitkommst, geh ich eben allein auf die Reise«, drohte er.
Ob jetzt die ganze Geschichte wieder von vorn beginnt?
Nein, denn die beiden fanden eine wirklich gute Lösung: Sie schraubten Räder an ihr Haus, spannten eine Zugmaschine davor, dann setzte sich Momme ans Steuer und legte den dritten Gang ein. (Auf Momps pflegt man nämlich mit dem dritten Gang zu starten.)
So konnten sie gleichzeitig auf Reisen gehen und doch zu Hause bleiben.

Und für Notfälle war auch gesorgt.

Der Goldregen

In den alten Zeiten kannten die Leute weder Mobiltelefone noch elektrische Melkmaschinen.

Etwas war aber genauso wie heutzutage auch: Es lebten reiche Menschen und arme, gierige und bescheidene.

Wenn man den Büchern aus diesen Zeiten glauben darf, gab es damals Zaubertöpfe, Zaubersprüche und Zauberstäbe, magische Gegenstände, auch allerlei Merkwürdigkeiten und viele geheimnisvolle Vorkommnisse, auf die man heutzutage vergeblich wartet.

Genau zu diesen Zeiten, und keine zwanzig Jahre früher oder später, lebten in einem Dorf zwei Bauern ziemlich nahe beieinander. Der eine hieß mit Nachnamen Petter, der andere hieß auch so, obwohl sie nicht miteinander verwandt waren.

Damit die Leute im Dorf immer genau wussten, von welchem gesprochen wurde, wenn von einem Petter die Rede war, nannten sie den einen den großen Petter und seinen Nachbarn den kleinen.

Nun könnte man meinen, der eine sei hochgewachsen und der andere ein Zwerg. Das stimmte aber ganz und gar nicht. Hätten sich die beiden Rücken an Rücken aufgestellt, hätte man gesehen, dass der kleine Petter mindestens fünf Zentimeter größer war als der große Petter.

Weshalb man ihn trotzdem den kleinen Petter nannte?

Nun, das hatte mit der Größe ihrer Höfe zu tun.

Der große Petter hatte einen schönen Hof mit drei Kühen, einem Pferd, zwanzig Schafen und fünf Schweinen. Der kleine Petter hatte gerade mal zwölf Hennen und eine Ziege.
Der große Petter hatte ein gemauertes Haus mit einem roten Ziegeldach, der kleine Petter eine Hütte, die mit Stroh gedeckt war.
Obwohl sie so verschieden wohnten und lebten, waren beide mit ihrem Schicksal recht zufrieden. Der kleine Petter fast noch mehr als der große.
Oh, und das Wichtigste hätte ich beinahe vergessen: Beide waren verheiratet.
Die Frau des großen Petter hieß Paula, und die des kleinen hieß Emma.
Eines Morgens, als der kleine Petter wie üblich neben seiner Emma aufwachte, sich wie üblich erst mal heftig in sein großes Taschentuch schnäuzte, wodurch wie üblich auch seine Frau aufwachte, sagte er: »Heute Nacht hatte ich einen sehr schönen Traum!«
»Erzählst du ihn mir?«, fragte Emma.
»Wir beide saßen am großen Tisch, aßen unser Abendbrot und tranken dazu ein Glas von unserem Apfelmost«, begann der kleine Petter.
»Ein sehr schöner Traum«, bestätigte seine Frau. »Unser Apfelmost ist in diesem Jahr wirklich besonders gut geraten.«
»Das ist ja noch nicht alles«, fuhr der kleine Petter fort. »Das Schönste kommt erst: Plötzlich regnete es von oben Gold und Geldstücke. Unser ganzer Tisch war voll davon. So voll, dass viele Goldmünzen über den Rand fielen und durchs halbe Zimmer kullerten.«
»Schade, dass es nur ein Traum war«, sagte seine Frau. »Das Geld könnten wir wirklich gut gebrauchen.«
»Vielleicht war es ja so was wie eine Vorschau«, sagte der kleine Petter. Damit meinte er natürlich nicht eine Kino- oder Fernsehvorschau. Denn so was gab es damals genauso wenig wie zum Beispiel Staubsauger oder Parkuhren. »Ich habe noch nie in einem Traum alles so deutlich gesehen. So, als würde es wahr werden.«
»Das wäre schön«, sagte Emma.

»Ja, wirklich«, bestätigte ihr Mann. »Wirklich schön.«
»Jetzt aber Schluss mit schönen Träumen«, sagte seine Frau, die immer sachlich dachte. Das musste sie auch, denn sie war es, die den Haushalt zusammenhielt. »Ich schlage vor, dass wir heute Abend eine Zwiebelsuppe mit geröstetem Brot essen. Besorgst du die Zwiebeln?«

Deshalb ging der kleine Petter am Nachmittag mit einem Spaten und einem Eimer zum Waldrand, um wilde Zwiebeln auszugraben.
Sein Nachbar, der große Petter, kam auf dem Weg zum Dorf an ihm vorbeigeritten und grüßte mit einem spöttischen »Meck, meck, meck!«. Das war eine Anspielung auf die Ziege, das einzige vierbeinige Tier des kleinen Petter.
Der kleine Petter kümmerte sich nicht darum, antwortete nicht und grub eifrig weiter Zwiebeln aus. Als er seinen Eimer schon halb gefüllt hatte, stieß er mit dem Spaten auf etwas Festes, Hartes. Er legte den Spaten beiseite und grub nun vorsichtig mit beiden Händen. Ein großer, alter Tontopf kam zum Vorschein. Als Petter den Deckel des Topfes abhob, bekam er vor Staunen runde Augen: Der Topf war bis zum Rand gefüllt mit Gold- und Geldstücken. Schnell stellte der kleine Petter den Topf wieder ins Loch, schüttete Erde darüber, nahm den Zwiebel-Eimer auf und rannte nach Hause.
Dort erzählte er alles seiner Frau.
»Und weshalb hast du den Topf nicht mitgebracht?«, fragte sie.
»Ich hatte das Gefühl, der Topf sei nicht für mich bestimmt«, sagte er.
»In meinem Traum kam der Goldschatz von oben. Nicht von unten aus der Erde.«
»Du hast richtig gehandelt«, sagte seine Frau nach kurzem Nachdenken.
»Irgendjemand muss den Topf ja dort vergraben haben. Er wollte sein Vermögen vielleicht vor einem Krieg verstecken. Sobald der Krieg vorbei ist, kommt er und gräbt seinen Schatz wieder aus. Wenn wir den Topf behalten, ist das Diebstahl.«

»Wie schön, dass du mir zustimmst«, sagte der kleine Petter und gab seiner Frau einen Kuss. »Vielleicht sollte ich mal unsere Nachbarn fragen, ob sie vielleicht wissen, wem dieser Topf gehören könnte.«

Der Erste, den er fragte, war der große Petter.

Der hörte sich die Geschichte an, kannte auch keinen, dem der Topf vielleicht gehörte, und gab dem kleinen Petter scheinbar recht, dass man den Schatz nicht antasten dürfe und auf den rechtmäßigen Besitzer warten müsse.

In Wirklichkeit wollte er den Topf an sich nehmen und behalten.

Der kleine Petter verriet zwar niemandem, wo der Topf vergraben lag. Aber der große Petter hatte seinen Nachbarn graben sehen, als er mit »Meck, meck, meck!« an ihm vorbeigeritten war.

Kaum war der kleine Petter wieder in seine Hütte zurückgekehrt, wo er seiner Frau beim Zwiebelschälen half, da machte sich der große Petter auf zum Waldrand.

Er fand auch gleich die Stelle, wo die Erde frisch aufgeworfen war, grub wie vorher der kleine Petter mit beiden Händen und hatte auch bald den Topf in der Hand.

Als er aber den Deckel öffnete, kamen ziemlich eklige Tiere aus dem Topf gekrochen. Alles, was im Wald unter der Erde haust, kam da zum Vorschein: schleimige Kröten, weiße Engerlinge, Würmer, Tausendfüßler, Asseln und sogar ein Maulwurf.

Laut schimpfend schlug der große Petter den Deckel wieder auf den Topf und hielt ihn fest zu.

»Oh, dieser kleine Petter, dieser Schurke!«, schrie er. »Er wollte mich reinlegen, weil ich ihn mit meinem ›Meck, meck, meck‹ wütend gemacht hatte. Und das hat er tatsächlich geschafft! Hat den Topf mit diesem Viehzeug gefüllt, weil er genau wusste, dass ich nach dem Schatz suchen würde. Aber warte, kleiner Petter, das werde ich dir heimzahlen!«

Mit dem Topf unter dem Arm schlich er zur Hütte des kleinen Petter und stieg leise, leise auf das Strohdach.

Der kleine Petter und seine Frau saßen inzwischen beim Abendbrot und hörten ihn nicht. Oben auf dem Dach schob der große Petter vorsichtig ein Stück des Strohs beiseite, genau über dem Abendbrot-Tisch, öffnete den Deckel und ließ den Inhalt des Topfes hinunterstürzen.
Aber es fielen weder Kröten noch Raupen heraus, auch keine Kellerasseln oder bleiche Maden, sondern lauter Gold- und Geldstücke. Gleich war unten der ganze Tisch mit Gold bedeckt.
»Emma, was habe ich dir gesagt!«, rief der kleine Petter. »Es war ein Wahrtraum. Und weil das Gold diesmal nicht von unten aus der Erde kam, sondern wie in meinem Traum von oben, ist es für uns bestimmt. Wir sind reich, Emma. Wir können ein Pferd kaufen und das Dach mit Ziegeln decken lassen, was wir auch immer wollen!«
»Und für die gute Stube kaufen wir zwei Ledersessel, für die Fenster endlich Vorhänge und für die Küche einen neuen Herd«, sagte sie. Und diesmal gab sie *ihm* einen Kuss.

Der große Petter hatte durch das Loch im Stroh alles gesehen, war inzwischen vom Dach gestiegen und kam nun mit dem leeren Topf unter dem Arm zu Hause bei seiner Frau an.
»Was willst du mit dem alten, schmutzigen Topf?«, fragte sie gleich.
»Das ist kein gewöhnlicher Topf, das ist ein Zaubertopf«, erklärte er ihr.
»Wenn er mit Kröten gefüllt ist und Würmern …«
»Pfui!«, rief sie. »Das ist ja eklig!«
»Aber genau so ist es richtig«, sagte er. »Der Zauber funktioniert nämlich so: Man füllt den Topf mit allerlei Kriechtieren, steigt aufs Dach, schafft dort oben ein Loch, öffnet den Topf und lässt das ganze Viehzeug hinunterregnen.«
»Und dann?«, fragte sie.
»Dann kommt es unten als Gold und Geld an!«
»Das willst du doch hoffentlich nicht bei uns im Haus ausprobieren!«, rief sie.
»Und ob ich das will!«, sagte er. »Morgen Mittag können wir in Gold baden.

Morgen früh sammle ich nämlich im Laub und unter der Erde alles, was da kriecht. Bis der Topf wieder voll ist.«

Und das tat er dann auch.

Es war nicht leicht, den Topf wieder zu füllen. Er wühlte im Laub, drehte große Steine um und schabte in der Erde, um Tiere zu finden, die das Tageslicht scheuen. Aber kaum hatte er den Topf zur Hälfte gefüllt und den Deckel geöffnet, um einen neuen Topfbewohner hinzuzufügen, zum Beispiel einen Mistkäfer, brachen schon wieder drei Spinnen und eine Kellerassel aus, ließen sich über den Rand fallen und verschwanden.

Endlich, nach mehr als einer Stunde, war das Tiergefängnis voll belegt, der Deckel geschlossen, und der große Petter konnte sich auf den Heimweg machen.

Zu Hause bat er gleich seine Frau, am Esstisch Platz zu nehmen.

»Warum am Tisch?«, fragte sie. »Das Essen ist doch noch gar nicht fertig.«

»Es muss alles so sein wie beim kleinen Petter und seiner Emma«, sagte er. »Sonst wirkt der Zauber nicht. Die saßen am Tisch, als es Gold regnete. Ich steige jetzt mit dem Topf aufs Dach, schiebe die Ziegel beiseite und lasse das Gold hinunterregnen! Warte: Du solltest ein großes Tischtuch über den Tisch breiten. Dann lässt sich das Gold besser einsammeln. Du fasst das Tuch mit zwei Händen an einem Ende, ich am anderen, und dann müssen wir es nur in der Mitte zusammenfalten und das Gold so in unser Schlafzimmer tragen. Da ist es sicher.«

»Ich weiß nicht, ob ich es schaffe, das volle Tuch zu tragen«, sagte sie. »Gold ist ziemlich schwer. Womöglich reißt das Tuch sogar, und meine schöne Tischdecke hat ein Loch!«

»Na und? Mit dem Gold kannst du dir fünfzig neue Tischdecken kaufen. Eine schöner als die andere, in allen Farben, was du willst«, sagte er.

»Fünfzig wären mir zu viel. Die würden gar nicht in die Schublade passen«, sagte sie.

»Dann meinetwegen fünfzehn!«, rief er. »Nun mach schon! Ich steige inzwischen mit dem Topf aufs Dach.«

Aber als er da oben den Deckel öffnete und die ganzen Tierchen durch das Loch hinunterstürzen ließ, kamen sie keineswegs als Gold- und Geldstücke unten an.
Seine Frau schrie erschrocken: Auf dem Tischtuch wimmelte es von kleinen, zappelnden, glitschigen Fischen.
Das sah der große Petter durch das Loch im Dach. In seinem Zorn schleuderte er den leeren Topf in weitem Bogen von oben auf die Erde, wo er in viele kleine Stücke zerbrach.
Das war schade. Denn so wird man nie erfahren, was der Topf noch alles gezaubert hätte, wenn er ganz geblieben wäre.

Damit ist die Geschichte eigentlich aus.
Was könnte man vielleicht noch erzählen? Nur dies:
Die Frau des großen Petter kochte mit ärgerlichem Gesichtsausdruck drei Tage lang Fischsuppe, Fischsuppe und nichts als Fischsuppe.
Und der kleine Petter wurde im Dorf bald »der große Petter« genannt, weil er nun *zwei* Pferde, *vier* Kühe, *einundzwanzig* Schafe und *sechs* Schweine hatte.
Und seine Ziege und die zwölf Hühner behielt er natürlich auch.

Lippels Traum

Philipp, genannt Lippel, lebt in zwei Welten. Tagsüber geht er in die Schule und erträgt zähneknirschend die Anwesenheit und Anweisungen von Frau Jakob, die für ihn sorgen soll, während seine Eltern verreist sind. Nachts träumt er so lebhaft, dass er manchmal am Tag nicht mehr weiß, ob er Vorkommnisse wirklich erlebt hat oder ob sie aus einem Traum stammen.
In diesem Traum hier ist er mit Hamide, einer morgenländischen Prinzessin, und deren Bruder Asslam auf der Flucht vor den Wächtern aus dem Königspalast. Die drei Kinder haben kein Geld, um sich Essen zu kaufen oder um ein Bett für die Nacht zu finden. So kommen sie auf die Idee, auf dem Markt kleine Kunststücke aufzuführen, die ihnen Geld einbringen sollen …

Der Markt war hell beleuchtet.
Vor den Läden steckten brennende Fackeln in eisernen Halterungen, die Handwerker hatten Öllampen über der Tür aufgehängt, und in offenen Öfen verfeuerten Leute getrockneten Kamelmist, um Teewasser zum Kochen zu bringen.
Hamide stellte sich mutig mitten auf den Marktplatz.

Asslam stand neben ihr, einen alten, ausgebeulten Topf als Trommel in der Hand. Vor ihm saß Muck und schaute gespannt zu Asslam auf.
Jetzt schlug Asslam die Trommel, um die Aufmerksamkeit auf sich zu ziehen.
Die Leute kamen neugierig näher.
Hamide holte tief Luft und rief, so laut sie konnte: »Werte Männer, hochwerte Frauen! Weise Wesire und kundige Kaufleute! Treffliche Handwerker! Hochverehrte Einwohner dieser Stadt! Kommt alle her!
Kommt hierher, lasst eure Arbeit ruhn, lasst euren Tee ungetrunken! Schließt eure Läden ab und kommt! Verlasst eure Häuser! Denn hier wird ein einmaliges Schauspiel geboten, wie man es nicht alle Abende sieht. Muck, der Hund, wird unvergleichliche Kunststücke vorführen, mein Bruder und ich werden ihn dabei musikalisch begleiten.
Der junge Mann mit dem Turban dort drüben wird sich anschließend erlauben, euch um eine kleine Gabe zu bitten. Auch große Geldstücke werden gerne angenommen, von Goldstücken ganz zu schweigen!«
Lippel fühlte, wie er rot wurde, und schaute verlegen zu Boden.
»Das klingt ja vielversprechend!«, meinten die Leute.
»Mal sehen, was sie uns bieten!«, sagte ein Mann hinter Lippel.
»Das muss ja wirklich etwas Besonderes sein. Das sehen wir uns an. So was sieht man wirklich nicht alle Tage!« So und ähnlich hörte Lippel rings um sich reden. Er wurde ein bisschen mutiger und nahm schon mal auf alle Fälle den Turban ab, um das Geld auffangen zu können, das man ihm gleich zuwerfen würde.
Hamide rief: »So, nun beginnt unser Schauspiel! Wir bitten um eure Aufmerksamkeit für die erste Musiknummer!«
Sie nickte Asslam zu. Der begann auf seine Trommel zu schlagen, Hamide spielte auf ihrer Flöte.
Es klang nicht besonders gut und auch nicht besonders laut. Asslam hatte sich zwar alle Mühe gegeben, aber aus einem dicken Schilfrohr kann man nun mal keine besonders gute Flöte machen! Die Zuschauer fingen an zu murren.

»Wollt ihr uns zum Narren halten?«, rief ein Mann. »Meine fünfjährige Tochter spielt zehnmal besser!«
»Was soll das? Aufhören! Schluss damit!«, riefen die Leute durcheinander. Einige wanderten sogar ab. Hamide hörte mitten im Lied auf zu spielen. Asslam, der das nicht sofort bemerkte, trommelte noch eine kleine Weile vor sich hin, bevor auch er abbrach.
Immer mehr Leute kehrten zu ihren Läden und Wohnhäusern zurück.
»Geht nicht weg!«, rief Hamide verzweifelt. »Der Höhepunkt kommt erst. Nun folgt die einmalige Hundedressur. Muck zeigt, was er kann.«
Mancher, der schon weggehen wollte, blieb stehen.
»Dann zeigt mal, was der Hund kann!«, rief ein Zuschauer. »Wenn er so schlecht wie eure Musik ist, bekommt ihr keine Goldstücke, sondern etwas ganz anderes!«
Die Leute lachten.
Asslam gab Muck ein Zeichen. Muck stellte sich auf die Hinterbeine. Asslam winkte, und Muck machte ein, zwei unsichere Schritte, dann ließ er sich wieder auf alle viere nieder und schaute Asslam unglücklich an. Er war gewohnt, dass Asslam ihm sagte, was er zu tun hatte. Aber Asslam konnte ja nicht reden. Er konnte nur hoffen, dass Muck verstand, was er ihm durch Zeichensprache befahl.
Asslam winkte wieder. Wieder stellte sich Muck auf die Hinterbeine.
»Wann geht es denn endlich los?«, fragte jemand laut.
»Du siehst doch, dass es bereits losgeht!«, rief Hamide beschwörend. »Schau doch! Schau, was der Hund kann!«
»Aber das sieht man doch alle Tage!«, rief ein Mann. »Letzte Woche war ein Gaukler hier mit zwei Hunden und einer Schlange. Die Hunde haben die Trommel geschlagen, und die Schlange hat getanzt. Lass deinen Hund doch mal die Trommel schlagen!«
»Das kann er, glaube ich, nicht«, sagte Hamide leise. Asslam schüttelte den Kopf.

»Das ist die Höhe! Diese Kinder wollen uns zum Narren halten! Unverschämtheit! Das lassen wir uns nicht bieten!«

Die Zuschauer schrien empört durcheinander und warfen mit Kamelmist nach Asslam, Hamide und dem Hund. Hamide liefen die Tränen übers Gesicht, sie wusste nicht, was sie tun sollte.

Da hielt es Lippel nicht mehr aus.

Er fasste sich ein Herz, zwängte sich zwischen den schimpfenden Zuschauern durch, bis er neben Hamide stand, nahm Asslam die Trommel aus der Hand, schlug darauf, bis alle erstaunt verstummten, und rief: »Meine Damen und Herren, was Sie gesehen haben, war einzig und allein die Einleitung. Die Einleitung zu Lippels Dicht- und Zauberschau. Gehen Sie nicht weg! Schauen Sie zu! Nun fängt das Schauspiel erst an!«

»Was machst du? Bist du denn wahnsinnig!«, flüsterte ihm Hamide zu. »Du darfst dich nicht über sie lustig machen. Sie werfen sonst mit Steinen, nicht nur mit Kamelmist. Lass uns schnell weggehen!«

Aber Lippel blieb unbeirrt neben Hamide stehen, schlug die Trommel, bis es ganz still war, und rief in die Stille hinein:

»Wer jetzt nicht geht, der ist sehr schlau,
denn nun beginnt die Zauberschau.
Ein jeder Mann, ein jedes Kind,
sieht jetzt die Schau, die nun beginnt.
Nur wer jetzt geht, der sieht sie nicht,
und hört auch nicht, was Lippel spricht,
und sieht auch nicht, was Lippel macht,
hier auf dem Marktplatz, in der Nacht!«

»Nicht schlecht, wie der Junge reimt!«, sagte jemand aus der Menge. »Aber jetzt sollte er endlich anfangen zu zaubern.«

»Will man den Lippel zaubern sehn,
dann darf man nicht nach Hause gehn!«,

fuhr Lippel fort.
»He, Lippel, das haben wir langsam begriffen!«, rief ein Zuschauer. »Es geht doch gar keiner. Zaubere endlich!«
Lippel ließ sich nicht aus der Ruhe bringen:

»Wer jetzt noch geht, der wird's bereun,
wer aber bleibt, der kann sich freun.
Denn nur wer hier bei Lippel bleibt,
der kann auch sehn, was Lippel treibt.
Wer jetzt nicht geht, der sieht genau
die große Lippel-Zauberschau.
Die Zauberschau, die ganz geschwind
hier auf dem Marktplatz nun beginnt!«

Einige der Zuschauer mussten lachen. »Mal sehen, wie lange er uns noch den Anfang seiner Schau ankündigt!«, sagte ein alter Mann. »Jedenfalls reimt er recht gut.«
Die meisten aber murrten und schrien: »Jetzt fang endlich an!«
Lippel fasste in die Tasche seines orientalischen Kostüms und zog seine Taschenlampe heraus. Er schwenkte sie über seinem Kopf hin und her. Dabei rief er:

»Das Ding, mit dem ich hier jetzt wackel,
das ist die Silber-Zauber-Fackel!«

Dann zeigte er seine Taschenlampe herum.
Ein Silberschmied, der in der ersten Reihe stand, fragte: »Darf ich die Zauberfackel einmal aus der Nähe betrachten?«

»Bitte!«, sagte Lippel großzügig und gab sie ihm.
Der Silberschmied prüfte sie genau, untersuchte sie von allen Seiten und sagte zu den Umstehenden: »Es ist ein kleines Wunderwerk, kostbar gearbeitet! Aus einem Metall, das ich noch nie gesehen habe. Es glänzt wie Silber, ist aber anders. Und oben ist eine kreisrunde Glasplatte kunstvoll eingearbeitet. Sehr schön! Aber wie will er die Fackel anzünden? Sie ist ganz aus Metall. Und auch Glas brennt nicht, wie man weiß!«
Damit gab er die Taschenlampe an seinen Nachbarn weiter; der betrachtete sie ebenfalls. Und so wanderte die Taschenlampe von einem zum andern und wurde von allen gehörig bestaunt.
Aber alle nickten beifällig, als einer sagte: »So eine Fackel sieht zwar schön aus, aber man kann sie nicht anzünden!«
Als die Taschenlampe wieder bei Lippel angelangt war, hielt er sie in die Höhe und sagte feierlich:

»Noch brennt die Wunderfackel nicht.
Doch wenn der Lippel ›Osram‹ spricht,
erstrahlt ihr helles Zauberlicht!«

»Du Großmaul!«, rief ein dicker Kaufmann. »Ich verkaufe seit zwanzig Jahren Fackeln, ich weiß Bescheid. Glas brennt nicht.«
Lippel nahm die Taschenlampe in die rechte Hand, legte den Daumen an den kleinen Schalter, mit dem man die Lampe an- und ausknipste, machte mit der linken Hand eine große Geste und rief: »Osram!« Gleichzeitig knipste er die Lampe an.
Es war eine erstklassige Stabtaschenlampe mit vier Batterien, und sie strahlte dementsprechend hell!
Ein allgemeiner Aufschrei des Staunens war zu hören.
Lippel richtete den Strahl der Lampe auf den Kaufmann und sagte: »Wer ist hier ein Großmaul?«

Der Kaufmann bedeckte die Augen mit der Hand, so stark wurde er geblendet, und rief: »Verzeih mir, Lippel! Es ist die wunderbarste Fackel! Heller als alle, die ich je verkauft habe!«
»Das will ich meinen!«, sagte Lippel stolz, drehte am Oberteil der Lampe, sodass ihr Strahl gebündelt wurde, und richtete ihn auf ein entfernt stehendes Haus. Obwohl das Haus bestimmt mehr als hundert Schritte weit weg war, sah man den hellen Lichtkreis auf der Außenwand hin und her huschen, wenn Lippel die Lampe schwenkte.
Wieder hörte man von allen Seiten Ausrufe des Erstaunens. Lippel richtete den Strahl senkrecht nach oben.
Das Wetter spielte wie üblich verrückt: Den ganzen Tag hatte die Sonne geschienen, nun hingen schwere Regenwolken über der Stadt.
Die Zuschauer folgten mit ihren Blicken dem Strahl der Lampe und schrien auf vor Verblüffung. Man konnte tatsächlich den hellen Lampenschein oben an den Wolken entlangwandern sehen.
»Seine Fackel brennt so hell, dass sie sogar den Himmel beleuchtet! Das muss ja ein ungeheuer heißes Feuer sein! Vorsicht, geht nicht zu nah!« Alle schrien durcheinander. Die Zuschauer, die hinten standen, riefen: »Wir können nichts sehen! Der Zauberer Lippel soll sich etwas höher stellen, wir wollen auch die Wunderfackel sehen!«
Eine große Kiste wurde nach vorne gereicht, Lippel stellte sich darauf und konnte so über die Köpfe der Zuschauer hinwegschauen.
Nachdem er die Lampe ein wenig hin und her geschwenkt hatte, hob er wieder beschwörend die linke Hand, fuhr durch den Lichtstrahl und sagte feierlich: »Mississippi!«
Gleichzeitig knipste er mit dem Daumen die Taschenlampe aus. Von allen Seiten wurde ihm Beifall gespendet. Die Leute riefen »Zugabe, Zugabe!« und klatschten wie verrückt. Asslam und Hamide sprangen vor lauter Begeisterung in die Höhe. Lippel hob die linke Hand, und sofort herrschte aufmerksames Schweigen.

Wieder schwenkte er die Hand über die Lampe, sagte »Osram«, und die Lampe brannte. Hierauf schwenkte er die Hand zurück, sagte »Mississippi!«, und die Lampe verlöschte.
»Die Fackel folgt ihm aufs Wort!«, flüsterten die Umstehenden ehrfürchtig.
»Er nimmt gar kein Feuer dazu. Sie entzündet sich von selbst, wenn er es befiehlt. Es ist eine Wunderlampe!«
Lippel wartete, bis sich das Flüstern und Reden ein wenig gelegt hatte, dann rief er:
»Dies war der erste Teil meiner Zauberschau. Im zweiten Teil werde ich die brennend heiße Flamme meiner Zauberfackel mit der bloßen Hand berühren, ohne mich zu verbrennen.
Aber bevor ich zum zweiten Teil übergehe, möchte ich meine verehrten Zuschauer bitten, einen kleinen Beitrag zu bezahlen!«
Er nahm seinen Turban vom Kopf, drückte ihn Asslam in die Hand und sagte:
»Schnell zu den Leuten und sammle das Geld ein!«
Laut rief er: »Mein Freund hier wird jetzt bei Ihnen vorbeikommen und um eine kleine Spende bitten. Bedenken Sie: Je mehr Sie spenden, desto wunderbarer werden meine Zauberkunststücke ausfallen! Die Zauberlampe wird erst wieder angezündet, wenn Sie bezahlt haben.«
Ein besonders mutiger Junge, der auch zugesehen hatte, wollte Lippel überlisten, drängte sich ganz nach vorne und rief laut: »Osram!«
Lippel lachte überlegen und rief:

»Wenn ein andrer ›Osram‹ spricht,
brennt die Wunderlampe nicht.
Sage aber ich das Wort,
brennt das Wunderlicht sofort!«

Darauf rief er »Osram!« und schnell darauf »Mississippi!« und knipste die Lampe an und aus.

Diesmal war der Beifall noch größer, und es gab kaum einen auf dem Platz, der nicht wenigstens ein kleines Geldstück in den Turban geworfen hätte.
Lippel stellte sich wieder auf die Kiste und gab ein Zeichen, dass er weitermachen wolle.
Er sagte »Osram!« und knipste die Taschenlampe an. Dann hob er feierlich den Zeigefinger und legte ihn oben auf das Glas der Lampe.
Ein Entsetzensschrei ging durch die Menge.
Lippel ließ den Finger eine Minute auf dem Lampenglas, dann hob er ihn und zeigte ihn nach allen Seiten: Er war nicht verbrannt, nicht die kleinste Brandblase war zu sehen!
Es gab mächtigen Beifall.
Jetzt hob Lippel den linken Arm, steckte die Taschenlampe in den Ärmel seines Gewandes, und man sah durch den dünnen Stoff, wie die brennende Wunderfackel im Ärmel hinunterrutschte und auf seinem Bauch landete.
Wieder schrien die Zuschauer auf. Ängstliche hielten sich die Augen zu, eine Frau fiel vor Schreck sogar in Ohnmacht und musste weggetragen werden.
Aber seine Kleider fingen nicht Feuer, wie es die Zuschauer befürchtet hatten, und Lippel fasste lässig in den Halsausschnitt seines Übergewandes und holte die Taschenlampe heraus.
Dann gab er durch Zeichen zu verstehen, dass jetzt eine besonders gefährliche Programmnummer folgen werde. Er wartete, bis alles mucksmäuschenstill war, öffnete seinen Mund, schob den oberen Teil der Taschenlampe hinein und blies die Backen auf, so fest er konnte.
»Unglaublich! Sein Kopf brennt innerlich! Er glüht richtig! Seht nur, wie rot sein Kopf ist! Er leuchtet!« Die Menge wagte nur zu flüstern.
Lippel nahm die Lampe wieder aus dem Mund, sagte »Mississippi!« und verbeugte sich.
Der Beifall schien kein Ende zu nehmen.
Doch plötzlich mischte sich das Geräusch von Hufschlägen in das Brausen des Beifalls. Drei Reiter in dunklen Mänteln kamen die Hauptstraße entlang

auf den Marktplatz zugeritten. Lippel, der erhöht auf der Kiste stand, sah sie zuerst.
»Die Wächter! Dort kommen die Wächter!«, rief er Asslam und Hamide zu.
Der Anführer sagte etwas zu den beiden anderen Reitern und deutete auf Lippel.
»Sie haben mich erkannt! Schnell weg hier!«, schrie Lippel.
Asslam nahm den geldgefüllten Turban unter den Arm und drängte sich durch die dicht stehende Menge. Hamide folgte mit Muck, dahinter Lippel. Aber sie kamen nur langsam voran.
Die Reiter trieben ihre Pferde an und drängten sie rücksichtslos durch die Zuschauermenge. Sie näherten sich schnell.
In diesem Augenblick fegte ein heftiger Windstoß über den Markt, und Sekunden später prasselte ein Regenschauer los. Die Fackeln verlöschten, es wurde dunkel auf dem Platz, die Menschen suchten Schutz vor dem Regen.
Vergeblich hielten die Reiter nach den drei Kindern Ausschau. Sie waren im Dunkeln, zwischen all den rennenden und rufenden Menschen, nicht mehr zu sehen.

Der Turm aus Kornspeichern
oder
Warum die Menschen verschiedene Sprachen sprechen

Früher redeten alle Menschen in einer Sprache. Das würden sie auch noch heute tun, wenn sie nicht so neugierig wären! Eines Tages kamen die Leute auf die Idee, zu gucken, was über den Wolken sei.

Sie berieten miteinander, wie sie das tun könnten. Sie berieten und berieten, und schließlich sagte einer: »Lasst uns doch den König fragen. Vielleicht weiß der, wie man es anstellen kann.« So fragten sie den König: »Wie kann man herausfinden, was über den Wolken ist?«

Der König wiegte den Kopf hin und her, dachte lange nach und sagte: »Das werde ich euch erzählen, wenn ich mit meiner Frau geredet habe.«

Und er ging zu seiner Frau und fragte sie: »Wie kann man herausfinden, was über den Wolken ist?«

Die Frau lachte und sagte: »Ganz einfach: Man muss einen Turm bauen, der bis zu den Wolken reicht.«

Da kehrte der König zu seinen Leuten zurück und sagte: »Ganz einfach: Man muss einen Turm bauen, der bis zu den Wolken reicht.« Die Leute freuten sich und beschlossen, gleich den Turm zu bauen. Sie wussten nur nicht, wie. Deshalb berieten sie miteinander, wie sie das tun könnten. Sie berieten und berieten, und schließlich sagte einer: »Lasst uns doch den König fragen. Vielleicht weiß der, wie man einen Turm baut.«

So fragten sie den König: »Wie baut man einen Turm?«

Der König wiegte den Kopf hin und her, dachte lange nach und sagte: »Das werde ich euch mitteilen, wenn ich mit meiner Frau geredet habe.«
Und er ging zu seiner Frau und fragte sie: »Wie baut man einen Turm?«
Die Frau lachte und sagte: »Ganz einfach: Wenn man all die großen Behälter aus Lehm aufeinanderstellt, in denen das Korn gespeichert wird, so entsteht ein Turm.«
Da kehrte der König zu seinen Leuten zurück und sagte: »Ganz einfach: Stellt all eure Kornspeicher übereinander, dann habt ihr einen Turm!«
Die Leute freuten sich, stellten all ihre Kornspeicher übereinander und bauten so einen Turm. Aber der Turm war viel zu niedrig, kaum höher als ein großer Baum. Die Leute berieten lange, was zu tun sei, und schließlich sagte einer: »Lasst uns den König um Rat fragen!«
So fragten sie den König: »Was sollen wir tun? Der Turm ist viel zu niedrig!«
Der König wiegte den Kopf hin und her, dachte lange nach und sagte: »Das werde ich euch verkünden, wenn ich mit meiner Frau geredet habe.«
Und er ging zu seiner Frau und sagte: »Der Turm ist viel zu niedrig.«
Die Frau lachte und sagte: »Ganz einfach: Es sind eben zu wenig Kornspeicher. Man muss alle Kornspeicher aus dem ganzen Land zusammensuchen, dann wird es vielleicht reichen.«
Da kehrte der König zu seinen Leuten zurück und sagte: »Ganz einfach: Ihr müsst alle Kornspeicher überall im Land einsammeln, dann wird es vielleicht reichen.«

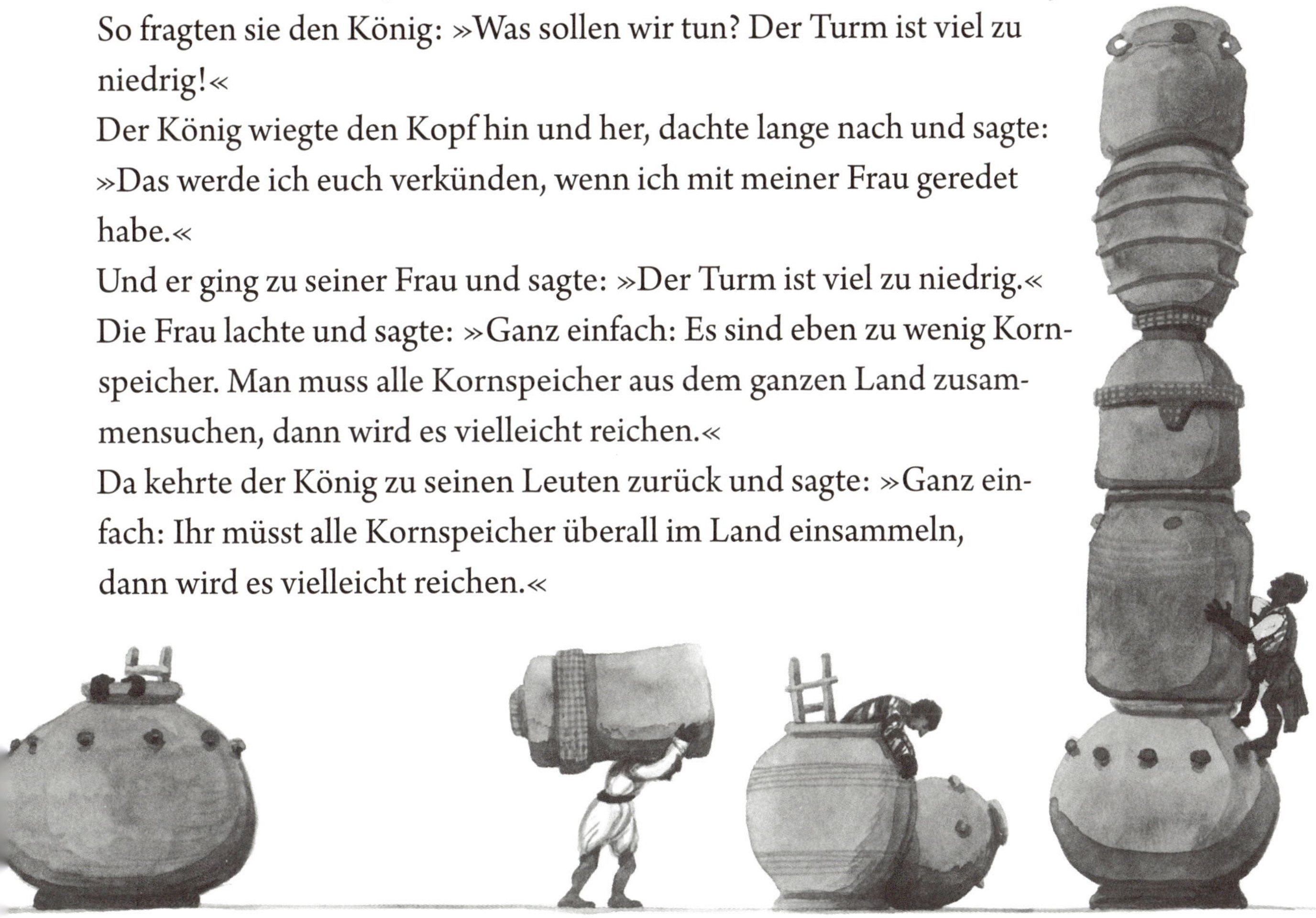

Die Leute freuten sich, sammelten alle Kornspeicher im ganzen Land ein und trugen sie zusammen. Als sie alle beieinanderhatten, stellten sie vorsichtig Kornspeicher auf Kornspeicher, und der Turm wurde höher und höher, bis er wirklich an die Wolken reichte.

Nun sagten die Leute zum König: »Der Turm steht und reicht bis an die Wolken. Was sollen wir jetzt tun?«

Der König wiegte den Kopf hin und her, dachte lange nach und sagte: »Das werde ich euch wissen lassen, wenn ich mit meiner Frau geredet habe.«

Und er ging zu seiner Frau und sagte: »Der Turm steht und reicht bis an die Wolken. Was sollen meine Leute nun tun?«

Die Frau lachte und sagte: »Ganz einfach: Der leichteste von deinen Männern soll hochklettern, den Kopf durch die Wolken stecken und nachgucken, wie es da oben aussieht. Dann soll er herunterklettern und es allen erzählen.«

Da kehrte der König zu seinen Leuten zurück und befahl dem Leichtesten, hinaufzuklettern und nachzusehen, was über den Wolken sei.

Der stieg hinauf, kam aber bald wieder zurück und sagte: »Der Turm ist ein kleines Stückchen zu niedrig. Mein Kopf steckte noch in den Wolken, als ich oben stand. Wenn wir nur noch einen einzigen Kornspeicher obendrauf stellten, könnte ich bestimmt über die Wolken gucken!«

Die Leute suchten überall nach einem Kornspeicher. Aber es waren wirklich alle eingesammelt, es fand sich kein einziger mehr. So gingen die Leute zum König und sagten: »Frag doch mal deine Frau, was wir jetzt machen sollen!«

»Meine Frau?«, sagte der König. »Ihr braucht gar nicht nach meiner Frau zu rufen, denn ich, euer König, habe selbst eine gute Idee: Ihr nehmt einfach den untersten Kornspeicher weg und stellt ihn als letzten obendrauf!« Das taten die Leute.

Da stürzte der Turm mit solch einem Getöse zusammen, dass die Leute vor Schreck ihre Sprache vergaßen. Und seitdem reden die Menschen in verschiedenen Sprachen.

Die beiden Türen

Der König eines kleinen Landes war gestorben.
Prinz Konstantin, der nach dem Tod seiner Mutter in einer fernen Schule erzogen worden war, kehrte nun zum Begräbnis seines Vaters zurück.
Konstantin war der einzige Sohn und somit der Nachfolger des alten Königs.
Er hatte das hohe, düstere Haus verlassen, als er noch ein Kind war. Er kannte nicht alle Räume des Schlosses. Viele der langen, schmalen Gänge hatte er noch nie betreten.
So ließ er sich von Jakobus, dem alten Diener, durch das dunkle Gebäude führen. Jakobus kannte jeden Winkel des Schlosses.
Im obersten Stockwerk kamen sie zu einer eisernen Tür, von Spinnweben verhangen.
Der Prinz fragte: »Was ist das für eine Tür?«
»Es ist eine merkwürdige Tür«, sagte der Diener. »Seht dieses Bild neben der Türklinke! Es zeigt einen Vogel. Manchmal sieht es aus, als sei er weiß. Ein andermal scheint es, als sei er schwarz.«
»Vielleicht liegt es am Sonnenstand?«, überlegte der Prinz. »Wenn Licht auf das Bild fällt, wirkt der Vogel weiß. Im Schatten sieht er schwarz aus.«
»Das mag so sein«, sagte der Diener. »Ihr solltet jedenfalls nie durch diese Tür gehen. Hört Ihr: Niemals!«
»Weshalb nicht?«
»Es gibt eine uralte Warnung. Auch Euer Vater ging nie durch diese Tür.«

»Was für eine Warnung?«, fragte der junge Prinz.
»Seht selbst!«, sagte der Diener und wischte ein dichtes Netz von Spinnweben beiseite. Dabei wurde eine Inschrift sichtbar. Da stand zu lesen:

»Neugier und Mut
Sind stark und sind gut.
Noch stärker ist die Gier.
Folge dem Rat:
Bleib im Schloss, bleibe hier.
Geh nie durch die Tür!«

»Eine merkwürdige Warnung«, sagte der Prinz. »Wo führt sie hin, diese Tür? Wohin kommt man, wenn man hindurchgeht?«
»Niemand weiß es«, antwortete der Diener. »In den alten Zeiten soll einmal ein König durch die Tür gegangen sein.«
»Was hat er berichtet?«, fragte der Prinz.
»Er kam nach einiger Zeit zurück, wird erzählt. Er, der vorher bekannt war für seine Fröhlichkeit, war nun traurig und schweigsam. Nie mehr hat er gelacht. Er war es, der diese Warnung neben der Tür anbringen ließ«, sagte der Diener. »Junger Herr, folgt seinem Rat: Geht nicht durch diese Tür!«
»Nun gut«, antwortete der Prinz. Nachdenklich fügte er hinzu: »Vielleicht ist es aber sehr schön dahinter?«
»Geht trotzdem niemals durch die Tür. Versprecht es mir!«, bat der alte Diener, nahm den Prinzen beim Arm und zog ihn von der Türe weg, zurück in den Thronsaal.
Von nun an musste der Prinz immer an die Tür denken.
Er konnte den Gedanken nicht loswerden: Was ist hinter der Tür?
Schlaflos wälzte er sich nachts im Bett: Was ist nur hinter der Tür?!
Eines Morgens konnte er der Versuchung nicht mehr widerstehen. Er stieg die Stufen zum obersten Flur hinauf. Der Vogel auf dem Bild neben der Klinke

schimmerte silberweiß. Ohne zu zögern, öffnete der Prinz jetzt die Tür und ging hindurch.

Hinter der Tür führte eine schmale, gewundene Treppe nach unten.

Zögernd ging der Prinz ein paar Stufen hinab. Da fiel die Tür hinter ihm zu.

Erschrocken drehte er sich um. Aber die Tür hatte auf der Innenseite keine Klinke. So musste er dem Gang folgen.

Langsam und wachsam stieg der junge Prinz die Treppe hinab.

Sie endete auf einer Terrasse, die er vorher noch nie gesehen hatte. Auf dem Steinboden war das Bild einer Sonnenscheibe eingelassen. Mitten darauf saß ein weißer Vogel.

Als der Vogel den Prinzen sah, flatterte er auf, dann ein Stück weiter, setzte sich und blickte den Prinzen aufmerksam an.

»Er sieht mich an, als würde er mich kennen«, sagte sich der Prinz. »Ob es am Ende mein Vogel ist?«

Als der Prinz noch ein Kind gewesen war, hatte er einen kleinen Vogel aufgezogen. Das Tier war aus dem Nest gefallen und wäre bestimmt verhungert, wenn er es nicht gepflegt und gefüttert hätte. Der kleine Vogel war weiß gewesen. Wie dieser hier.

Eines Tages flog er einfach weg, verschwand in den Wolken und kam nie zurück. Damals war der junge Prinz traurig gewesen und fast böse auf den Vogel, der ohne Abschied und ohne Dank verschwunden war.

Als der Prinz nun näher kam, flatterte der weiße Vogel auf, flog ein kleines Stück, um sich gleich darauf wieder zu setzen.

»Ob der Vogel meint, dass ich ihm folgen soll?«, fragte sich der Prinz.

Und wirklich flog der Vogel immer ein Stück voraus, setzte sich, wartete, bis der Prinz näher kam, und stieg dann wieder auf.

Auf diese Weise folgte der Prinz dem Vogel. Am Ende einer großen Wiese erhob sich ein lichter Buchenwald, in den der Prinz zögernd eintrat. Bestimmt hätte er sich zwischen den Bäumen verirrt, hätte ihm nicht der Vogel den Weg gewiesen.

Der Wald endete, und der Prinz stand nun vor einem klaren, blauen See, der sich bis zum Horizont erstreckte. Am Ufer lag ein Boot mit einem weißen Segel. Der Vogel setzte sich auf die Spitze des Bootes und blickte den Prinzen an. »Ich soll wohl ins Boot steigen?«, fragte der Prinz und setzte sich auf die Bootsbank. Das Segel spannte sich von ganz alleine auf, das Boot gewann an Fahrt.

Der Vogel flog voraus und zeigte den Weg übers Wasser.

Bald erschien vor ihnen eine Insel am Horizont. Als das Boot näher kam, erkannte er darauf ein Schloss, groß wie eine Stadt. So bunt, so prächtig, wie er noch keines gesehen hatte.

Das Boot legte am Strand an. Der Prinz stieg aus, trat an Land und sah sich um. Der Vogel flog zum Schloss und pickte mehrmals an eine kleine Seitentür.

Die Tür öffnete sich, und eine schöne, junge Frau trat heraus.

Sie sah den Prinzen, rannte auf ihn zu und rief: »Mein Prinz! Du bist gekommen, ganz wie es mir vorhergesagt wurde. Komm, ich will dich gleich zu meinem Vater führen!«

Die junge Frau führte ihn in einen großen Saal. Dort saß ihr Vater, der König der Insel, auf seinem Thron. Sie sagte zu ihm: »Vater, erinnerst du dich: Eine alte, weise Frau hat mir aus der Hand gelesen, als ich vierzehn Jahre alt wurde.«

»Ich erinnere mich«, sagte ihr Vater, der König.

»Erinnerst du dich, dass sie sagte, ein Prinz würde übers Meer kommen, wenn ich einundzwanzig Jahre alt wäre?«, fragte sie weiter.

»Ich erinnere mich«, sagte ihr Vater, der König.

»Erinnerst du dich auch, dass sie sagte, dass mir dieser Prinz zum Gemahl bestimmt ist?«, sagte sie.

»Ich erinnere mich«, sagte der König zum dritten Mal.

Die Prinzessin nahm Prinz Konstantin bei der Hand und sagte: »Heute ist mein einundzwanzigster Geburtstag. Und dies hier ist der Prinz, der mir zum Gemahl bestimmt ist.«

Der König schaute den Prinzen lange und ernst an und fragte: »Willst du wirklich meine Tochter heiraten?«
Und der junge Prinz antwortete aus vollem Herzen: »Eure Tochter ist schön wie der Mond! Was sage ich: Schön wie die Sonne! Ich habe gleich gefühlt, dass wir füreinander bestimmt sind, und kann mir kein größeres Glück vorstellen, als sie zur Gemahlin zu nehmen.«
So wurden die beiden vermählt.
Drei Tage lang wurde Hochzeit gefeiert, und der ganze Hofstaat tanzte mit Prinz und Prinzessin bei der prächtigen Hochzeitsfeier.
Der König überließ dem jungen Paar einen ganzen
Flügel seines Schlosses, groß wie ein Dorf. Die beiden lebten dort mit ihren Dienerinnen und Dienern und waren glücklich.

Eines Tages ging der Prinz mit seiner Frau im Schloss spazieren und kam in einem abgelegenen Gang vor eine Tür, die mit Staub bedeckt und von Spinnweben verhangen war.
Er fragte: »Was ist hinter dieser Tür?«, und wollte sie gleich öffnen.
Aber seine Frau wehrte angstvoll ab. »Geh nicht durch diese Tür«, bat sie. »Mein Vater ließ sie abschließen, niemand soll hindurchgehen.«
Der Prinz gab sich zufrieden und wanderte mit seiner Frau weiter durch die Gänge des Schlosses, ohne die Tür zu öffnen.
Aber in der kommenden Nacht fand er keinen Schlaf.
Immer wieder musste er denken: »Was ist wohl hinter der Tür?«
Eines Nachts hatte er einen seltsamen Traum. Ein schwarzer Vogel setzte sich vor ihn hin und begann mit menschlicher Stimme zu sprechen:

»Gold, so viel Gold,
wie es keines Menschen Auge je sah!
Glück, so viel Glück,
findest du leicht, such es ganz nah!«

»Gold? Wo kann ich es finden?«, fragte der Prinz in seinem Traum.
Ehe der schwarze Vogel antworten konnte, stürzte sich ein weißer Vogel auf ihn herab. Der schwarze Vogel flog davon, verfolgt vom weißen Vogel. Da erwachte der Prinz.
»Was war das für ein seltsamer Traum«, sagte er zu seiner Frau. »Ein Vogel hat von Gold und von Glück gesprochen. Es sei ganz nah.«
»Der Vogel hat recht: Dein Glück ist ganz nah. Es liegt im Bett neben dir«, sagte seine Frau lachend und küsste ihn.
»Der Vogel hat aber auch von Gold gesprochen«, sagte der Prinz.
»Wir haben kein Gold nötig«, sagte sie. »Wir haben alles, was wir brauchen. Was willst du mehr?«
»Vielleicht hat er gemeint, dass ich das Gold hinter dieser verschlossenen Tür finden kann«, sagte er.
»Was für ein Unsinn!«, sagte sie und bat: »Versprich mir, dass du nie diese Tür öffnest!«
»Ich verspreche es«, sagte er und glaubte auch daran.
Trotzdem musste er Tag und Nacht an die Tür denken und stellte sich prächtige Schätze vor, die dahinter aufgetürmt lagen: Silbern schimmernde Perlen. Berge von Gold und Silber. Diamanten, die heller strahlen als der Mond. Edelsteine, groß wie Apfelsinen.
Und so ging er eines Tages in den besagten Gang, zur besagten Tür und wischte die Spinnweben beiseite.
Der weiße Vogel, der ihn auf seiner Reise begleitet hatte, flatterte aufgeregt heran,

setzte sich auf die Türklinke und wollte verhindern, dass der Prinz die Klinke niederdrückt. Fast im selben Augenblick stieß der schwarze Vogel aus dem Traum des Prinzen von oben herab und wollte den weißen verdrängen. Die beiden Vögel flatterten und kämpften in der Luft. Schnell drehte der Prinz den Schlüssel im Schloss, drückte die Klinke, öffnete die Tür und ging hindurch. Er hatte sich vorgestellt, dass sich hinter der Tür ein großer Raum ausdehnte, voller Schätze. Aber da war nur ein Treppenhaus. Eine schmale, ausgetretene Treppe führte nach oben.

Zögernd ging der Prinz ein paar Stufen hinauf. Da fiel die Tür hinter ihm zu. Erschrocken drehte er sich um, wollte schnell zurück. Aber die Tür war fest verschlossen, und auf der Innenseite gab es keine Klinke.

Langsam und wachsam stieg er Stufe um Stufe nach oben.

Die Treppe endete in einer Tür, die nur angelehnt war.

Zögernd schob der Prinz die Tür auf und trat hindurch: Da stand er wieder in seinem alten, düsteren Schloss, in jenem Gang, in dem vor Monaten seine Reise begonnen hatte.

Hastig drehte sich der Prinz um und wollte fliehen – zurück zu seiner Frau, zurück ins helle, prächtige Schloss.

Aber als er sich umwandte, war die eiserne Tür hinter ihm fest verschlossen und ließ sich nicht öffnen. Vergeblich suchte er nach einem Schloss und einem Schlüssel. Aber da war nichts.

Der Diener, der ihn damals gewarnt hatte, kam herbeigeeilt.

Er rief: »Junger Herr, da seid ihr ja wieder! Wo seid ihr nur all die Zeit gewesen? Man hat Euch überall gesucht!«

Der Prinz fasste den Alten an der Schulter, rüttelte ihn, und rief: »Wo ist das Türschloss? Wo die Klinke?«

»Türschloss?«, wiederholte der Alte kopfschüttelnd. »Ihr irrt Euch, junger Herr. Diese Tür hatte nie ein Schloss.«

»Ruft sofort Handwerker herbei!«, befahl der Prinz. »Sie sollen die Tür aufbrechen!«

Aber sosehr sich die Handwerker auch mühten, es gelang keinem, die eiserne Tür zu öffnen.

Nun wohnte der Prinz wieder in seinem alten, düsteren Schloss.
Ruhelos durchwanderte er jeden Tag die Gänge und Treppenhäuser. Jeden Tag ging er zur eisernen Tür, um nachzusehen, ob sich dort vielleicht das Bild des weißen Vogels zeigte. Dann, so hoffte er, würde sich die Tür wieder öffnen lassen.
Aber die Tür blieb verschlossen.
Der alte Diener sagte mitleidig zum Prinzen: »Ihr wart fröhlich und unbeschwert, und nun seid ihr die Traurigkeit in Person. Kann Euch nichts aufheitern? Versucht doch wenigstens zu lächeln, wenn Ihr schon nicht mehr lachen wollt.«
Aber der Prinz schüttelte nur traurig den Kopf, ohne zu antworten.

Hinter dem Schloss lag ein dichter, finsterer Wald.
Im Schatten der Bäume ging der Prinz jetzt jeden Tag spazieren. Das Dunkel des Waldes spiegelte seine innere Stimmung wider. Hier im Halbdunkel fühlte er sich ein wenig geborgen.
Nach vielen Tagen und vielen Spaziergängen schimmerte zwischen den Bäumen ein heller Fleck. War es ein Licht? Ein Sonnenstrahl, der eine Lücke durchs dichte Geäst gefunden hatte?
Der Prinz ging dem hellen Schimmer nach: Es war ein Vogel. Ein weißer Vogel! Sein Gefieder leuchtete silberhell unter den tief herabhängenden Zweigen.
Als der Prinz auf ihn zueilte, flatterte der Vogel auf, flog ein Stück und setzte sich auf das vergilbte Moos des Waldbodens. Der Prinz rannte zu ihm hin.
Aber bevor er den Vogel erreichte, flatterte der wieder auf und ließ sich in einiger Entfernung nieder.
So ging es nun weiter. Der Vogel zeigte den Weg, der Prinz folgte.

Aber dieser Weg war anders als der bequeme Weg, den der Prinz beim ersten Mal gegangen war. Er führte über keine Wiese, auch nicht durch einen lichten Buchenwald.
Der Prinz musste sich durchs Buschwerk zwängen, durchs dichte Unterholz, und wurde von stacheligen Ästen zerstochen. Bald war sein prinzliches Gewand schmutzig, voller Risse und Löcher.
Endlich, dem Prinzen kam es vor, als habe er sich schon tagelang durch den Wald gequält, kamen sie zum großen See. Am Ufer lag ein Boot, wie damals.
Und wieder setzte sich der weiße Vogel an den Bug des Bootes.
Doch dieses Boot hatte kein Segel, das sich von alleine aufspannte. Am Boden des Bootes lagen zwei Ruder. Der Prinz musste damit rudern.
Bald waren seine zarten Hände von Blasen bedeckt und begannen zu bluten.
Aber er achtete nicht auf die Schmerzen und ruderte weiter. Denn vor ihm tauchte am Horizont das bunte Schloss auf.
Endlich hatte er das Ufer erreicht und stieg an Land. Wieder flog der weiße Vogel voraus und pickte an die kleine Seitentür. Sie öffnete sich.
Aber diesmal trat nicht die Prinzessin heraus, sondern ihr Vater, der König.
Er blickte den Prinzen ernst an und fragte: »Hast du deine Lektion gelernt?«
Der Prinz nickte. »Es war die Gier, die mich hinter die verbotene Tür gelockt hat«, sagte er. »Ich hätte die Inschrift nicht vergessen dürfen.«
»So ist es«, sagte der König und trat beiseite.
»Geh schnell hinein«, sagte er dabei. »Meine Tochter, deine Frau, wartet schon sehnlichst auf deine Rückkehr.«
Und zum ersten Mal nach langer Zeit konnte der Prinz wieder lachen.

Frau Muhse

Das ist die Geschichte eines Jungen, der keine Geschichten erzählen konnte. Er hieß Konrad und wohnte in Niederhausen am Stromberg in der Karl-Drais-Straße.

Wenn zum Beispiel Konrads kleine Schwester fragte: »Konrad, erzählst du mir eine Geschichte?«, antwortete er bestimmt: »Du weißt doch: Ich kann keine Geschichten erzählen.«

Manchmal konnte Konrads kleine Schwester, die übrigens Karla hieß, nachts nicht einschlafen. Dann drehte sie sich so lange im knarrenden Kinderbett hin und her, bis ihr Bruder drüben im anderen Bett wieder wach wurde und ganz entnervt sagte: »Jetzt schlaf doch endlich ein!«

Wenn sie dann sagte: »Ich könnte einschlafen, wenn du mir eine Einschlafgeschichte erzählst«, antwortete Konrad: »Du weißt doch: Ich kann keine Geschichten erzählen.« Was zur Folge hatte, dass nun beide nicht einschlafen konnten und am nächsten Morgen müde am Frühstückstisch saßen.

Konrads Eltern erzählten liebend gern Geschichten. Früher hatten sich sein Vater und seine Mutter selten einigen können, wer von beiden Konrad und seiner kleinen Schwester zuerst eine Geschichte erzählen dürfte. Es kam sogar mehrmals zum Streit deswegen. Aber weil Konrads Eltern verträgliche Menschen waren, fanden sie bald eine Lösung: Sie beschlossen, dass mal der eine, mal die andere mit Erzählen an der Reihe war, immer schön abwechselnd.

Und sie achteten auch darauf, dass diese Regel streng eingehalten wurde.

Zu diesem Zweck führten sie eine Liste. Hatte Konrads Vater eine Geschichte erzählt, schrieb Konrads Mutter mit dem Bleistift ein *R* aufs Papier. Nach einer Erzählung von Konrads Mutter malte sein Vater ein schönes rundes *O* darauf. Bei einem Blick auf die Liste konnte man sehen, dass sich beide an die Regel hielten: In den vielen Buchstabenreihen, die da untereinanderstanden, wechselten sich *R* und *O* immer hübsch ab. Konrads Vater hieß mit Vornamen übrigens Roland – mit R – und seine Mutter Olivia – mit O.
Es war aber nicht immer leicht, sich an die Regel zu halten. Denn man kann manchmal nicht gleich erkennen, ob es sich um eine Geschichte handelt, wenn einer etwas sagt.
Bei einem Satz wie *Olivia, kannst du mir bitte mal die Erdbeermarmelade reichen?* war es einfach. Das ist ja noch keine Geschichte, und der Satz zählte natürlich nicht.
Doch es kam vor, dass Konrads Vater dann mit dem Marmeladenglas in der Hand versonnen vor sich hin guckte, ohne die Marmelade aufs Brot zu

streichen, und so etwas sagte wie: »Das erinnert mich an meinen Großvater mütterlicherseits. An Opa Emil. Einmal, da war ich vielleicht acht oder neun, fragte Opa Emil beim Mittagessen nach Erdbeermarmelade. Beim Mittagessen, wohlgemerkt! Wir dachten erst, wir hätten uns verhört, denn es gab Sauerbraten mit breiten Nudeln, wie immer am Pfingstmontag. Aber wir hatten uns keineswegs verhört. Opa Emil sagte noch einmal laut und deutlich: *Warum steht ausgerechnet an Pfingsten keine Erdbeermarmelade auf dem Tisch?*«
Das führte natürlich dazu, dass Konrads Mutter gleich nach dem Bleistift griff und ein neues *R* in die Liste eintrug.
Überhaupt führten alle Sätze, die mit *Einmal, Vor langer, langer Zeit, Eines Tages* oder sogar mit *Es war einmal* begannen, sofort zu einem neuen Eintrag auf der Liste.
Konrads Eltern war es natürlich aufgefallen, dass ihr Sohn keine Geschichten erzählen konnte, und sie grämten sich deswegen. Aber sie trösteten sich gegenseitig und sagten: »Es wird schon werden« oder »Manche Kinder entwickeln sich eben langsamer als andere. Man darf ihn nicht drängen«.
Als Konrad zwölf Jahre alt war und immer noch keine Geschichte erzählen konnte, drängten sie ihn allerdings doch.
Es war Sonntagmorgen, die Familie saß am Frühstückstisch, da sagte Konrads Vater: »Konrad, wir haben dich noch nie eine Geschichte erzählen hören.«
»Das stimmt«, sagte seine Mutter. »Heute ist ein so schöner, gemütlicher Regentag. Hättest du nicht Lust, uns eine Geschichte zu erzählen?«
Konrad sagte: »Ihr wisst doch: Ich kann keine Geschichten erzählen.«
»Du meinst, du willst keine Geschichten erzählen«, verbesserte ihn sein Vater.
»Nein, ich kann es nicht«, antwortete Konrad. »Ich weiß nicht, wie es geht, und ich weiß nicht, was ich erzählen soll.«
»Fang doch mal so an: *Vor langer, langer Zeit ...*«, half ihm sein Vater.
»*Vor langer Zeit* ist doch viel zu ungenau«, sagte Konrad. »Da müsste ich doch erst wissen, was du unter einer langen Zeit verstehst. Denkst du dabei an hundert Jahre oder eher an tausend? Vor tausend Jahren zum Beispiel

herrschte Kaiser Heinrich der Zweite, vor mehr als hundertzehn Jahren, also 1904, wurde der Fußballverein *Schalke* gegründet – daher auch der Name *Schalke 04*.«

Konrad hatte eine Eins in Geschichte und kannte sich auch in Sport sehr gut aus.

Seine Mutter sagte: »Ist schon gut. Dann versuch es doch mal mit diesem Anfang: *Eines Tages …*«

»Was heißt denn eines Tages?«, fragte Konrad. »Woher soll ich wissen, von welchem Tag du sprichst? Meinst du einen normalen Werktag oder einen Feiertag? Soll es ein besonderer Tag sein wie zum Beispiel der Dreikönigstag oder der Tag der Deutschen Einheit? Ich kann dir doch keine Geschichte von einem Tag erzählen, wenn ich nicht einmal weiß, welcher gemeint ist.«

Konrads Mutter seufzte.

Seine kleine Schwester Karla, die auch schon Geschichten erzählen konnte – wenn auch kleine, denn sie war ja auch noch klein –, kam ihm zu Hilfe. »Ich fange immer so an: *Es war einmal eine Maus*«, sagte sie.

»Spitzmaus, Hausmaus oder Wühlmaus?«, fragte Konrad, der sich auch in Biologie bestens auskannte. »Die Mäuse gehören zur Gattung der Nagetiere. Man unterscheidet zwei Gruppen, die echten Mäuse und die Wühlmäuse.«
»Das ist mir doch egal«, sagte Karla. »Meine Maus heißt jedenfalls Micky.«
»Deine Maus? Du hast doch gar keine«, sagte Konrad. »Im Gegensatz zu mir. Ich habe eine. Sie hängt an meinem Computer. Aber die hat keinen Namen, sie heißt einfach nur Maus.«
Nun seufzte auch sein Vater. »Ich merke, du weißt wirklich nicht, wie man Geschichten erzählt«, sagte er.
Eine Weile war es nun still am Frühstückstisch.
Konrads Vater, seine Mutter und Karla schauten interessiert zu, wie Konrad eine Scheibe Toast mit Butter bestrich, sie dann mit Wurst belegte, etwas Käse darüberschichtete, eine zweite Schicht Wurst auf dem Käse ablegte, noch zwei Gürkchen obenauf türmte, reichlich Ketchup darübergoss und das Ganze zum Mund balancierte, ohne dass die Gürkchen abstürzten oder Ketchup aufs Tischtuch tropfte.
Sein Vater sagte leise zu seiner Mutter: »Wenn er nur so gut erzählen könnte, wie er isst! Ich fürchte, wir müssen den Jungen zu Frau Muhse bringen.«
»Zu Frau Muhse? Meinst du wirklich?«, flüsterte Konrads Mutter zurück.
Karla hatte mit großen Ohren gelauscht und alles verstanden. Sie rief: »Aber Frau Muhse ist doch eine Hexe!«
»Wer behauptet denn so was?«, fragte ihr Vater.
Karla sagte: »Das hat mir Mirjam erzählt.«
Konrad hörte auf zu kauen und fragte: »Mirjam? Wer ist denn Mirjam?«
»Die geht mit mir in den Kindergarten«, antwortete Karla.
»Ach so«, sagte Konrad und kaute weiter.
Konrads Mutter sagte zu Karla: »Sag Mirjam, sie soll nicht immer so dumme Sachen erzählen.«
Konrads Vater nickte. »Frau Muhse ist keine Hexe!«
»Eine Zauberin?«, fragte Karla.

»Auch das nicht. Sie ist eine ganz gewöhnliche Frau«, antwortete ihre Mutter.
»Genau!«, bestätigte ihr Vater. »Sie war das Kindermädchen von Opa Emil. Und mich hat sie auch betreut, als ich noch klein war.«
»Soviel ich weiß, hat sie davor schon den Vater von Opa Emil im Kinderwagen herumgefahren«, sagte Konrads Mutter. »Sie ist durch und durch vertrauenswürdig.«
Karla fragte: »Und warum wollt ihr Konrad zu dieser Frau Muhse bringen?«
»Hm«, machte ihr Vater und sagte seiner Frau: »Vielleicht kannst du es Konrad klarmachen.«
Konrads Mutter gab sich einen Ruck, setzte sich kerzengerade auf und sagte: »Konrad, du gehst auf der Stelle zu Frau Muhse, Kalliopenstraße 9, sagst ihr einen Gruß von deinen Eltern und dass sie dir bitte das Geschichtenerzählen genauso beibringen möchte wie uns damals. Die Rechnung soll sie dann an Papas Adresse schicken.«
»Jetzt gleich?«, fragte Konrad. »Aber es regnet doch.«

»Du kannst ja einen Regenschirm mitnehmen«, sagte sein Vater. »Und sag Frau Muhse, sie möchte in der Rechnung bitte die Mehrwertsteuer nicht vergessen.«

Konrad hatte sich vorgestellt, dass Frau Muhse eine ältere Frau sei. Schließlich hatten seine Eltern erzählt, dass sie schon Opa Emils Kindermädchen gewesen war.

Aber nachdem er auf den Klingelknopf mit dem Namen *Muhse* gedrückt hatte, öffnete ihm eine uralte Frau die Tür. Sie trug eine runde Brille, und ihre Haare, die sie hinten zu einem Knoten gebunden hatte, waren weiß. An ihren dichten, immer noch dunklen Augenbrauen konnte man sehen, dass die Haare wohl einmal tiefschwarz gewesen waren.

»Aha, da haben deine Eltern dich also zu mir geschickt, damit du das Erzählen lernst«, sagte sie, bevor Konrad auch nur ein Wort gesagt hatte. »Mach deinen Schirm zu und komm rein, Konrad!«

Konrad wunderte sich: Woher kannte sie seinen Namen? Und weshalb wusste sie, dass er bei ihr das Erzählen lernen sollte?

Zögernd folgte er ihr ins Haus.

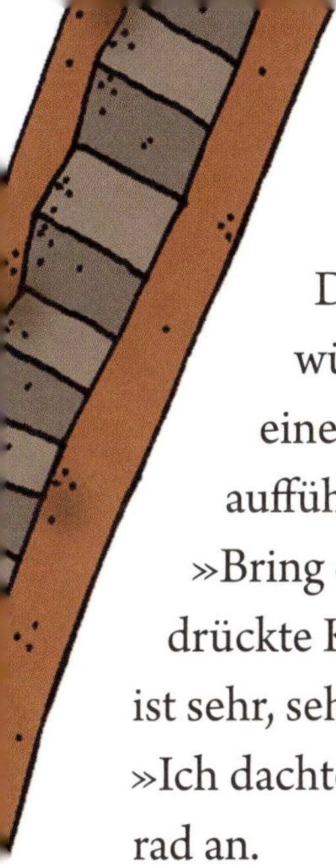

Das Haus Nummer neun hatte von außen recht klein gewirkt. Merkwürdigerweise war es innen viel größer. Konrad folgte der Alten durch einen endlos langen Flur zu einer schmalen Treppe. Die Stufen, die hinaufführten, waren kaum breiter als ein Turnschuh.

»Bring das Päckchen bitte hoch zu meiner Schwester«, sagte sie und drückte Konrad ein kleines Bündel in die Hand. »Aber lass es nicht fallen, es ist sehr, sehr wertvoll.«

»Ich dachte, Sie wollten mir beibringen, wie man Geschichten –«, fing Konrad an.

Frau Muhse unterbrach ihn. »Alles zu seiner Zeit, alles zu seiner Zeit«, sagte sie und deutete auf die Treppe. »Du gehst voraus!«

»Da hinauf?«, fragte Konrad und betrachtete unschlüssig die schmalen Stufen.

»Ja, da hinauf!«, befahl Frau Muhse und ließ Konrad vorangehen.

Als er schon mehr als hundert Stufen hochgestiegen war, fragte Konrad:

»Wie ist das möglich? Ich habe das Haus doch von außen gesehen. Da war es einstöckig. Wir müssen jetzt mindestens im fünften Stock sein!«

Niemand antwortete.

Er drehte sich um und merkte, dass er allein war. Frau Muhse war ihm nicht gefolgt.

Konrad rief: »Hallo, Frau Muhse?«

Während er unschlüssig dastand und nach unten blickte, öffnete sich neben ihm eine niedrige Tür in der Wand.

»Da bipst du ja endlich!«, sagte eine heisere Stimme. »Nun krach schon und komm hier schwein!«

»Wollten Sie sagen, ich soll hier reinkommen?«, fragte Konrad. Er streckte den Kopf durch die Tür. Dahinter war es so finster, dass er kaum etwas erkennen konnte. Im ersten Augenblick glaubte er im Dunkeln eine Eule zu sehen. Aber er merkte gleich, dass er sich getäuscht haben musste, denn Eulen waren nicht so groß wie er selbst und trugen auch keine Brillen.

»Natürlich wollte ich das schlagen«, sagte die Stimme. »Mach gefühligst deine Uhren auf, wenn man was zu dir sackt.«
»Wer sind Sie?«, fragte Konrad.
»Sei nicht so neuschmierig. Willst du mich vielleicht essig warten lassen?«, keifte die Stimme. »Die Kinder heutzuschlage haben keine Achtung mehr vor dem Alster.«
»Entschuldigung«, sagte Konrad, bückte sich und trat durch die Tür.
»Gleich weht's abwärts!«, kicherte die Stimme. »Schnute Reise!«
Im selben Moment merkte Konrad, dass der dunkle Raum hinter der Tür keinen Boden hatte. Er stürzte in ein großes Rohr und fuhr in rasendem Tempo nach unten. Erst versuchte er noch, sich an den Rohrwänden festzuhalten, aber sie waren zu feucht und zu glatt. Nach wenigen Sekunden wurde seine Fahrt ein wenig gebremst, weil das Rohr Kurven und Schleifen bildete, sich verbreiterte und dann sogar einen kleinen Bogen nach oben vollführte. Es kam Konrad vor, als sei er im Bauch eines lebendigen Wesens, das ihn verschluckt hatte und ihn nun durch sämtliche Innereien nach unten beförderte … und, dachte er, am Ende hoffentlich wieder nach draußen entließ. Kaum hatte er das gedacht, spuckte das Rohr ihn aus, direkt vor die Füße von Frau Muhse.
»Du bist ja immer noch hier!«, rief sie, während Konrad aufstand und sich etwas Schmutz von der Hose wischte. »Hab ich dir nicht gesagt, du sollst die Treppe hochsteigen?«
»Ich war doch oben«, protestierte Konrad.
»Ach was, oben«, sagte sie. »Und was hast du mit meinem Päckchen gemacht?«
»Ich muss es unterwegs verloren haben«, sagte Konrad.
»Es ist nicht mehr da.«

»So, es ist nicht mehr da!« Sie blickte ihn durch ihre runden Brillengläser streng an. »Gib es zu: Du hast es aufgegessen!«
»Nein, ich weiß ja nicht mal, was drinnen war«, widersprach Konrad.
»Wieso drinnen?«, fragte Frau Muhse. »Es war natürlich leer. Wenn zum Bei-

spiel ein Pfirsichkern darin gewesen wäre oder eine Wäscheklammer, hätte ich nicht gesagt *Bring das Päckchen hoch!*, sondern *Bring den Pfirsichkern hoch!* oder *Bring die Wäscheklammer hoch!*. Das ist doch wohl logisch, oder?«

»Ich weiß es nicht«, antwortete Konrad zögernd.

»So, du weißt es nicht«, wiederholte sie. »Ich will's dir noch mal durchgehen lassen.«

Sie fasste in eine Tasche ihres schwarzen Kleides, holte ein Päckchen heraus und reichte es Konrad. Er hätte schwören mögen, dass es dasselbe war, das sie ihm schon einmal in die Hand gedrückt hatte. »Hier«, sagte sie dabei. »Bring das bitte hinunter zu meinem Bruder. Wenn du nicht hinaufsteigen kannst, dann schaffst du es vielleicht wenigstens nach unten.«

»In den Keller?«, fragte Konrad.

»Unsinn«, sagte Frau Muhse. »Du findest ihn unten im Erdgeschoss.« Und da Konrad sie ganz verwirrt anblickte, fügte sie hinzu: »Wir sind hier oben im fünften Stock, das weißt du doch! Jetzt geh endlich!«

Vorsichtig stieg Konrad die schmale Treppe hinunter. Nachdem er mindestens hundert Stufen hinabgestiegen war, endete sie. Konrad stand in einem halbdunklen Flur.

Er rief: »Hallo?«

Niemand antwortete. Ob der Bruder von Frau Muhse wohl so hieß wie sie? Konrad versuchte es noch einmal: »Hallo, Herr Muhse! Hören Sie mich?«

Da öffnete sich eine Tür neben ihm.

»Natürlich schwöre ich dich. Ich bin doch nicht staub!«, sagte eine krächzende Stimme. »Komm schnell wein!«

Der Raum hinter der Tür war dunkel. Konrad spähte vorsichtig hinein. Wenn Biber Zigarren rauchen würden, Brillen trügen und so groß wären wie ein zwölfjähriger Junge, dann hätte er das Wesen da drinnen für einen Biber gehalten.

Das Biberwesen fragte: »Worauf kartest du noch? Komm endloch nein!«

Einen Augenblick zögerte Konrad noch. Er wollte nicht wieder in ein Loch

fallen. Aber dann sagte er sich, dass man nicht gut nach unten fallen kann, wenn man schon unten ist, und er trat ein.
Im selben Moment spürte er, dass er sich vertan hatte. Wieder stürzte er nach unten. Noch einmal musste er den langen, dunklen Weg durch die Eingeweide des Hauses hinter sich bringen, bis das Rohr ihn schließlich ausspuckte, genau vor die Füße von Frau Muhse.
Sie zog erst lange an einer dünnen Zigarre und sagte dann: »Wie ich dich kenne, hast du das Päckchen wieder nicht abgegeben.«

»Nein«, sagte Konrad. Mutig fügte er hinzu: »Ich bin ja auch nicht hier, um Päckchen abzugeben, sondern um das Erzählen zu lernen.«
»Wie soll ich einem Jungen, der nicht mal ein Päckchen die Treppe hoch- oder hinuntertragen kann, das Erzählen beibringen!«, rief sie und pustete Konrad den Rauch ihrer Zigarre ins Gesicht. »Geh mal lieber nach Hause, du bist ein aussichtsloser Fall.«
Sie reichte ihm seinen Schirm, und Konrad ging zur Haustür.
»Frau Muhse, ich kann nicht raus! Die Tür ist abgeschlossen«, rief er von da.
»Du wirst doch nicht etwa die Haustür nehmen wollen?«, fragte Frau Muhse. »Hier, geh besser da durch!« Sie öffnete eine Tür in der Wand neben ihm. Konrad hatte sie vorher gar nicht bemerkt. »Gute Preise und alles Hüte«, sagte Frau Muhse, verbesserte sich aber gleich. »Ich wollte sagen: Gute Reise und alles Gute!«
Sie gab Konrad einen kleinen Schubs, und wieder glitt er durch zahllose Windungen nach unten, bis das Rohrsystem ihn schließlich ausspuckte. Diesmal landete er nicht vor Frau Muhses Füßen, sondern erstaunlicherweise auf einem Gehsteig, nicht weit von seinem Elternhaus entfernt.
Seine Eltern und Karla saßen immer noch beim Frühstück. Da kam Konrad ins Zimmer gestürmt, warf den nassen Schirm einfach auf den Boden und rief: »Ich muss euch erzählen, was ich erlebt habe! Ihr werdet es nicht glauben! Ihr könnt euch wirklich nicht vorstellen, was in dieser Kalliopenstraße los war!

Kalliopenstrasse
R
RO
O
R
K
RORO
RORO
ROK
R
O
K

Aber der Reihe nach: Ich bin also zu dieser alten Frau gegangen, und sie hat gesagt, ich solle die Treppe hochsteigen. Wie ich aber die Stufen hochgehe, immer höher und höher ...«

Konrads Eltern blickten sich glücklich an.

»Na also!«, sagte seine Mutter und trug ein großes *K* in die Liste ein.

VERDREHT & VERQUER

Von fremden Planeten und fliegenden Kängurus

Das kleine Känguru lernt fliegen

Das kleine Känguru ärgert sich über die Vögel. Morgens um sechs sitzen sie draußen auf dem Fensterbrett. Sie streiten, sie schreien durcheinander und machen einen Lärm, als wären sie die einzigen Tiere auf der ganzen Welt.

»Sechs Uhr! Nicht zu fassen!«, schimpft das kleine Känguru. »He, ihr da draußen: Ich will noch ein bisschen schlafen!«
Aber die Vögel lärmen weiter.
»Ruhe!«, brüllt das kleine Känguru von seinem Bett aus. Aber das hört wohl keiner, oder keiner hört zu.
Ärgerlich steigt das kleine Känguru aus dem Bett. Es öffnet das Fenster und ruft: »He, streitet gefälligst woanders! Los, schwirrt ab! Setzt euch im Park auf einen Baum! Da könnt ihr meinetwegen schreien, bis ihr schwarz werdet. Ich will schlafen, verstanden?!«
Die Vögel hören auf zu streiten. Neugierig sehen sie das kleine Känguru an.
»Bis wir schwarz werden?«, fragt ein Rabe und blinzelt den anderen Vögeln zu. »Aber ich bin doch schon schwarz! Dann darf ich wohl hierbleiben, ja?«
Die anderen Vögel finden diesen Witz so gut, dass sie vor Lachen kaum noch den Schnabel zukriegen.

»Hört auf mit dem albernen Gekicher!«, ruft das kleine Känguru.

Die Amsel sagt: »Sieht es nicht niedlich aus, wenn es so wütend ist?«

»Schaut nur, was es für einen gestreiften Anzug anhat«, ruft die Drossel.

Der Fink sagt: »Es spielt wohl Zebra.«

»Nein, nein. Bestimmt will es ein Tiger sein«, sagt der Star. »Ein Tiger, ein Tiger, ein Känguru-Tiger!«

Die Vögel wollen sich ausschütten vor Lachen.

»Wieso? Was habt ihr nur? Das ist ein ganz normaler Schlafanzug«, verteidigt sich das kleine Känguru.

»Hihihi, es zieht einen Anzug an, wenn es ins Bett geht. Habt ihr das gehört?«

Die Vögel fallen fast vom Fensterbrett vor lauter Lachen.

Das kleine Känguru wird immer wütender. Es schreit: »Ihr eingebildeten Vögel! Ihr denkt wohl, ihr seid was Besonderes, nur weil ihr fliegen könnt? Was?!«

»Kannst du denn fliegen?«, fragt der Rabe spöttisch.

»Oder dein Freund, der kleine Hund? Oder die Springmaus? Der dicke Elefant vielleicht, ja?«

»Fliegen kann jeder, wenn er nur will«, behauptet das kleine Känguru in seiner Wut. »Nichts leichter als das! Man muss nur ein bisschen üben.«

Die Vögel hüpfen in die Luft vor Vergnügen. »Habt ihr das gehört? Habt ihr's gehört? Das kleine Känguru kann fliegen. Es muss nur ein kleines bisschen üben. Wie lange muss es denn üben, bis es so weit ist? Zehn Jahre? Oder vielleicht hundert?«

»Höchstens eine Woche«, sagt das kleine Känguru.

»Wie interessant, eine Woche!«, ruft ein Spatz. »Habt ihr das gehört: In einer Woche zeigt uns das kleine Känguru, wie gut es fliegen kann. Kommt alle mit, das müssen wir gleich den anderen Vögeln erzählen!«

»Ja, ja, das müssen wir!«, sagt der Rabe. Er fliegt los und ruft: »Auf Wiedersehen in einer Woche, am nächsten Donnerstag!«

»In einer Woche, in einer Woche!«, ruft die ganze Vogelschar. »In einer Woche, am Donnerstag!« Und schon schwirren alle davon.

Das kleine Känguru legt sich wieder ins Bett. Nun ist es zwar ganz still draußen, aber schlafen kann das kleine Känguru trotzdem nicht mehr.

»Was soll ich nur machen?«, fragt es sich. »Weshalb habe ich nur so einen Unsinn erzählt? Am nächsten Donnerstag kommen nun alle und wollen mich fliegen sehn. Das gibt vielleicht ein Gelächter. Ich muss den kleinen Hund um Rat fragen. Vielleicht kann er mir helfen.«

Der kleine Hund liegt im Gras und lässt sich die Morgensonne auf den Rücken scheinen. Wie immer stellt er wachsam die Ohren auf, als er das kleine Känguru heranhüpfen hört.

»Hallo, kleiner Hund, du musst mir helfen«, sagt das kleine Känguru und erzählt ihm die ganze Geschichte. Der kleine Hund macht ein sorgenvolles Gesicht. »Das wird schwierig, schwierig, schwierig«, meint er und kratzt sich mit der linken Vorderpfote hinterm linken Ohr. »Lass uns ganz logisch denken: Womit fliegen die Vögel?«
»Mit Flügeln«, sagt das kleine Känguru.
Der kleine Hund nickt. Er fragt: »Und woraus bestehen Flügel?«
»Aus Federn«, antwortet das kleine Känguru.
»Richtig. Du brauchst also Federn«, erklärt der kleine Hund.
»Wie stellst du dir das vor? Soll ich mir vielleicht Federn wachsen lassen?«, fragt das kleine Känguru.
Der kleine Hund überlegt. »Hm. Ich glaube nicht, dass du das schaffst. Jedenfalls nicht in einer Woche. Wir müssen also Federn sammeln. Hühnerfedern, Adlerfedern, Geierfedern – alle großen Federn, die wir finden. Wenn wir ganz viele haben, bauen wir dir einfach zwei Flügel.«
»Und damit kann ich dann fliegen?«, fragt das kleine Känguru hoffnungsvoll. Der kleine Hund kratzt sich mit der rechten Hinterpfote am rechten Ohr. »Vielleicht«, sagt er. »Wenn du Glück hast. Aber bestimmt nicht lange und auch nicht besonders weit.«

»Das macht nichts«, sagt das kleine Känguru. »Hauptsache, ich fliege. Damit die frechen Vögel nicht recht behalten.«

Die ganze Woche über sammelt das kleine Känguru Federn. Der kleine Hund hilft dabei. Und auch die kleine Springmaus, die Freundin vom kleinen Känguru.

Am Mittwochmorgen haben sie genügend Federn gefunden. Aus zwei Stöcken, etwas Stoff, ein paar Lederriemen und vielen großen Federn leimen sie zwei künstliche Flügel zusammen. Dann dauert es noch einmal einen halben Tag und eine Nacht, bis der Leim trocken ist.

Am Donnerstagmorgen kann das kleine Känguru die Flügel zum ersten Mal über die Arme ziehen. Es schwingt sie auf und ab und wedelt so viel Staub dabei auf, dass die kleine Springmaus heftig niesen muss.
»Gesundheit!«, wünscht das kleine Känguru und hört auf, mit den Flügelarmen zu wedeln. Es fragt: »Bin ich eigentlich geflogen oder nicht?«
»Wenn ich ehrlich sein soll: keinen Zentimeter«, sagt der kleine Hund. »Du bist zu schwer, du kommst nicht vom Boden hoch. Du solltest nicht von unten nach oben fliegen, sondern eher von oben nach unten. Von einem Stuhl aus, zum Beispiel, oder von einem Berg.«
»Hinter unserm Haus gibt es einen Hügel. Von dem werde ich losfliegen«, sagt das kleine Känguru.
Als es mit seinen Federflügeln auf den Hügel klettert, haben sich im Nu die Vögel versammelt.
»Guckt euch das an! Guckt, guckt, guckt!«, rufen sie aufgeregt. »Das kleine Känguru will wirklich fliegen! Es ist völlig übergeschnappt! Kommt alle her, kommt, kommt, kommt!«
Das kleine Känguru lässt sich nicht aus der Ruhe bringen. Es steht oben und wedelt mit den Flügelarmen ganz gemächlich auf und nieder.

»Warte! Flieg noch nicht!«, ruft der kleine Hund.
Er rennt weg und kommt mit vier Sofakissen wieder.
»Noch nicht! Einen Augenblick!«, ruft die kleine Springmaus.
Sie schleppt noch mehr Kissen an und legt alle am Fuß des Hügels nebeneinander und übereinander.

Das kleine Känguru steht oben und wedelt immer noch ganz langsam mit den Armen.
»Ich denke, du willst fliegen? Hältst du dein Mittagsschläfchen immer im Stehen?«, fragt der Buchfink.
Alle Vögel lachen.
»Noch zehn Sekunden bis zum Start!«, ruft das kleine Känguru und wedelt schneller und schneller. »Zehn, neun, acht, sieben, sechs …«
»Wohin fliegst du eigentlich? Auf einen Baum oder auf euer Hausdach?«, fragt der Rabe.
Das kleine Känguru lässt sich nicht stören und zählt weiter. »Fünf … vier … drei … zwei … eins … NULL!«
Es nimmt drei Schritte Anlauf, wedelt noch heftiger mit den Flügelarmen, springt – und fällt wie ein Stein zu Boden. Gut, dass die vielen Kissen da liegen. So tut es wenigstens nicht weh.
»Hehehe, habt ihr das gesehn?«, ruft der Rabe.
»Das Känguru ist mächtig auf die Schnauze geflogen!«

»Es ist hingeflogen, hingeflogen, hingeflogen!«, schreit die Schwanzmeise.

»Runtergeflogen, hähähä! Es ist runtergeflogen!«, krächzt die Krähe.

Das kleine Känguru ruft: »So, auf die Schnauze bin ich geflogen, ja? Hingeflogen bin ich, was? Runtergeflogen, ja?«

»Ja, bist du, bist du! Hihihi! Bist du auch! Bist du, bist du, bist du!«, krächzen und kreischen die Vögel.

Das kleine Känguru verbeugt sich. »Danke, dass ihr mir das bestätigt habt«, sagt es. Es fragt den kleinen Hund und die kleine Springmaus: »Ihr habt es auch gehört, ja? Die Vögel haben gesagt, ich bin geflogen.«

»Ja, das haben sie! Stimmt genau!«, ruft die kleine Springmaus.

»Natürlich! Stimmt! Geflogen!«, ruft auch der kleine Hund. »Warum soll man immer auf einen Baum oder auf ein Hausdach fliegen? Ist doch langweilig. Warum nicht mal auf die Schnauze! Das kleine Känguru hat nur behauptet, dass es fliegen kann. Und das hat es soeben getan. Herzlichen Glückwunsch!«

»Danke, danke, keine Ursache«, sagt das kleine Känguru bescheiden. Zusammen mit dem kleinen Hund und der kleinen Springmaus sammelt es die Kissen vom Boden auf. Dann gehen die drei Freunde zufrieden nach Hause.

Die Vögel ärgern sich natürlich gewaltig. »He, runterfliegen ist noch lange nicht fliegen!«, schreit ihnen der Rabe nach. Aber die drei tun so, als hätten sie es nicht gehört.
Aus Rache sitzen die Vögel am nächsten Tag schon morgens um fünf beim kleinen Känguru auf dem Fensterbrett. Sie krächzen und kreischen, singen und gackern, trillern und pfeifen, schnarren und schnattern und machen solch einen Lärm, dass das kleine Känguru keine Sekunde mehr schlafen kann. Ärgerlich steigt es aus dem Bett, öffnet das Fenster und schimpft. »He, ihr doofen Vögel, ich will schlafen!«, ruft es. »Müsst ihr denn schon wieder bei mir auf dem Fensterbrett sitzen und so einen Lärm machen?!«
»Ob wir das müssen? Das lässt sich schnell feststellen«, sagt der Fink frech. Er fragt den Star:
»Musst du schon wieder auf dem Fensterbrett sitzen, lieber Star?«
»Nein, lieber Fink«, sagt der Star. »Ich muss nicht. Und du?«
»Ich auch nicht, lieber Star. Aber vielleicht unsere Freundin, die Amsel. Musst du, liebe Amsel?«, fragt der Fink weiter.

»Ich? Lass mich mal scharf nachdenken … Nein, ich muss auch nicht, lieber Fink«, antwortet die Amsel.
»Na, so was: Sie muss auch nicht!«, sagt der Fink. Er fragt die anderen Vögel: »Und ihr alle? Müsst ihr das?«
»Kein bisschen!«
»Ich muss auch nicht, muss auch nicht!«
»Ich übrigens ebenfalls nicht!«
»Denkst du vielleicht, ich müsste? Nicht dass ich wüsste!«, antworten sie ihm fröhlich.
Der Spatz, der gemerkt hat, dass sich die letzten Sätze gereimt haben, fängt begeistert an zu singen: »Denkst du, ich müsste? Nicht dass ich wüsste …«
»Doch, doch, doch, ich muss, ich muss!«, schreit der Rabe dazwischen und blinzelt den anderen Vögeln zu. »Meine Oma hat gesagt: ›Morgens um fünf sitzt du beim kleinen Känguru auf dem Fensterbrett, sonst reiß ich dir eine Feder aus dem Po!‹ Hat sie gesagt!«
»Feder aus dem Po, Feder aus dem Po!«, kreischen die anderen Vögel. Sie lachen und wackeln vor Vergnügen mit den Flügeln.
Wütend versucht das kleine Känguru, die Vögel wegzuscheuchen. Es schwenkt die Arme über dem Fensterbrett hin und her.

Die Vögel flattern auf. Aber kaum hat das kleine Känguru mit dem Wedeln aufgehört, setzen sie sich wieder vors Fenster.
»Machst du jeden Morgen Turnübungen?«, fragt die Blaumeise scheinheilig.
»So was nennt man Gymnastik«, erklärt ihr der Buntspecht.
»Ja, so eine Wedel-Gymnastik ist gesund«, lobt die Goldammer.
»Und sie macht wach. Hellwach!«, sagt der Rotschwanz.
»Ich mache nicht Gymnastik, das wisst ihr ganz genau«, sagt das kleine Känguru.
»Warum wackelst du dann mit den Armen?«, fragt der Grünfink.
»Willst du vielleicht wieder fliegen, wie gestern?«
Die Vögel lachen und schreien durcheinander: »Natürlich! Fliegen! Das ist es! Das kleine Känguru will wieder fliegen, wie gestern! Es will mal wieder auf die Nase fliegen! Fliegen, fliegen, fliegen und dann unten liegen! Immer munter, immer runter!«
Jetzt ist das kleine Känguru so wütend wie schon lange nicht mehr. »Ihr dummen, ihr doofen, ihr eingebildeten Vögel!«, schreit es. »Ihr meint wohl, ihr seid die Einzigen, die fliegen können, was?! Das kann doch schon das kleinste Tier!«

»Ach, wie interessant«, krächzt der Rabe. »Welches kleine Tierchen kann denn fliegen? Meinst du vielleicht deine Freundin, die Springmaus?«

»Nein, den Maikäfer«, sagt das kleine Känguru. Der Rabe ist verdutzt. An den Maikäfer hat er nicht gedacht. Darauf weiß er erst mal keine freche Antwort.

»Davon abgesehen kenne ich eine ganze Menge Mäuse, die fliegen können«, sagt das kleine Känguru. »Ihr braucht gar nicht zu denken, dass ihr die Einzigen seid!«

Jetzt ist der Rabe wieder obenauf. »Mäuse? Habt ihr das gehört? Das Känguru kennt Mäuse, die fliegen können«, ruft er. »Wann dürfen wir denn deine fliegenden Wundermäuse mal bestaunen? Zeigst du sie uns? Oder sind sie gerade ausgeflogen, nach Afrika oder Alaska?«

Das kleine Känguru sagt: »Die sind überhaupt nicht ausgeflogen. Heute Abend kann ich sie euch vorstellen.«

»Heute Abend?«, ruft die Lerche. »Am Abend sind wir schon im Nest, das weißt du ganz genau. Du willst dich nur drücken!«

»Ach ja, ihr Vögel geht natürlich mit den Hühnern zu Bett«, sagt das kleine Känguru. »Dann treffen wir uns eben um sechs. Um sechs Uhr bei uns im Garten. Und jetzt lasst mich gefälligst schlafen!«

Das kleine Känguru schließt das Fenster, legt sich wieder ins Bett und schläft in aller Ruhe ein. Gegen Mittag besucht es seine Freundin, die kleine Springmaus, und erzählt ihr von seinem Plan.

»Das ist gut, sehr gut«, ruft die kleine Springmaus. »Ich sage meinen drei Cousinen, den Spitzmäusen, gleich Bescheid. Die machen ganz bestimmt mit.«

Gemeinsam hüpfen das kleine Känguru und die kleine Springmaus zu den drei Spitzmaus-Schwestern. Dort erzählt das kleine Känguru noch einmal, was es sich ausgedacht hat.

»Wir sollen uns in einen Ballon setzen? Ist das nicht zu gefährlich?«, fragt die erste Spitzmaus.

»Nicht in den Ballon. In den Ballonkorb, der unten dranhängt«, erklärt das kleine Känguru geduldig.

»Und wenn der Ballon nun abstürzt?«, fragt die zweite Spitzmaus. »Die frechen Vögel picken bestimmt in den Ballon. Und dann platzt er!«

»Seid doch nicht so ängstlich!«, sagt die dritte, die jüngste Spitzmaus. »Das wird endlich mal ein richtiges Abenteuer!«

Das kleine Känguru beruhigt die drei: »Und außerdem fliegt ihr gar nicht richtig mit dem Ballon weg. Ihr sollt nur so tun.«

Es erzählt ihnen, wie sein Plan weitergeht. Die kleine Springmaus und die drei Spitzmäuse sind begeistert. Sie spielen den frechen Vögeln nur zu gern einen Streich.

»Sehr gut! Das wird ein Spaß!«, ruft die kleine Springmaus, und die Spitzmäuse sagen: »Gut, wir machen mit.«

Nun muss das kleine Känguru nur noch eine große Schachtel finden. Am besten, es fragt den kleinen Hund. Der weiß in solchen Dingen immer Bescheid.

Der kleine Hund liegt wieder mal in der Sonne, als das kleine Känguru und die kleine Springmaus bei ihm ankommen.

»Kleiner Hund, hast du zufällig irgendwo eine Schachtel gesehn?«, fragt das kleine Känguru.

Der kleine Hund überlegt. »Hm. Ich hab eine ganze Menge gesehn. Einen großen Knochen, gleich dahinten. Und eine Blechdose, halb voll. Aber eine Schachtel hab ich nicht gesehn. Nur einen Karton, gleich da vorne!«

»Einen Karton mit Deckel?«, fragt die kleine Springmaus.

Der kleine Hund nickt eifrig. »Ja, der hatte einen Deckel. Und zwar obendrauf.«

»Aber das ist doch genau das, was wir brauchen«, ruft das kleine Känguru. »Wo ist er denn? Warum hast du uns das nicht gleich gesagt?«

Der kleine Hund kratzt sich mit der rechten Vorderpfote hinterm rechten Ohr. »Warum?«, sagt er. »Na, weil ihr nach einer Schachtel gefragt habt!«

»Aber das ist doch das Gleiche«, sagt die kleine Springmaus.

»Ehrlich? Gut, dass ich das jetzt weiß! Falls ihr wieder mal nach einer Schachtel fragt«, sagt der kleine Hund.

»Wozu braucht ihr denn diesen Schachtelkarton?«

Das kleine Känguru und die kleine Springmaus gucken sich erst um, ob auch kein Vogel zuhört, dann flüstern sie es dem kleinen Hund ins Ohr.

»Sehr schön! Da will ich dabei sein!«, ruft der kleine Hund. »Kommt, wir holen gleich den Karton. Ihr müsst aber ein paar Luftlöcher hineinstechen.«

»Das stimmt! Der kleine Hund hat wirklich die besten Ideen«, lobt das kleine Känguru.

Die drei Freunde holen den Karton und tragen ihn ganz schnell ins Känguru-Haus. Dort hüpfen das kleine Känguru und die kleine Springmaus schnell die Treppe hinauf zum Dachboden. Sie müssen da oben erst noch mit jemandem reden. Und dann kann es losgehen!

Ein paar Stunden später, am Nachmittag, fliegt zufällig ein Buchfink über den Känguru-Garten.

Er guckt nach unten und sieht, was da vor sich geht. Aufgeregt sagt er gleich den anderen Vögeln Bescheid. Immer mehr kommen angeflattert. Sie setzen sich auf den Gartenzaun oder auf die Hecke und gucken. Im Garten belädt das kleine Känguru gerade einen schönen, bunten Freiballon. Der kleine Hund, die kleine Springmaus und die drei Spitzmäuse helfen ihm dabei. Die drei Spitzmäuse schleppen ganze Käseberge in den Korb, der unten am Ballon hängt. Die kleine Springmaus trägt Koffer und Kisten herbei.
Der kleine Hund bringt eine Reisetasche. Das kleine Känguru holt noch eine Landkarte aus dem Haus und einen Leuchtglobus. Es sieht so aus, als würde da jemand für vier Wochen verreisen. Im Gras neben dem Ballonkorb stehen große und kleine Schachteln. Auch eine mit Luftlöchern ist dabei. Als alles im Korb verstaut ist, ziehen sich die drei Spitzmäuse dicke, lederne Fliegerjacken an. Sie setzen Fliegermützen auf und Fliegerbrillen.

Sie sehen jetzt wirklich wie kühne Weltreisende und Abenteurer aus. So steigen sie eine Strickleiter hoch und in den Ballonkorb hinein.
»Seht ihr das? Seht ihr's, seht ihr's?«, flüstert der Buchfink den anderen Vögeln zu. »Das Känguru hat einen Ballon für die Spitzmäuse gebaut. Damit werden sie wegfliegen. Wir sind blamiert! Dann hat es wirklich fliegende Mäuse gegeben!«
»Die haben so viele schwere Sachen in den Ballon geschleppt. Vielleicht steigt er gar nicht. Der ist doch völlig überladen«, flüstert der Rabe zurück.
Laut fragt er das kleine Känguru: »Mit welchem Gas hast du eigentlich deinen schönen Ballon gefüllt?«
»Wieso Gas?«, fragt das kleine Känguru. »Den hab ich aufgeblasen. Ganz allein!«
Der Rabe kann das Lachen kaum unterdrücken.
»Habt ihr das gehört? Habt ihr's gehört?«, fragt er halblaut die anderen Vögel. »Es hat seinen Ballon aufgepustet wie einen Kinder-Luftballon. Da ist nur ganz normale Luft drin! Der kann ja gar nicht steigen. Der fliegt ungefähr so gut wie ein Zentnerstein. Na, das wird ein Spaß!«
Die drei Spitzmäuse sitzen nebeneinander im Ballonkorb. Hinter ihnen türmen sich Koffer und Kisten, Taschen und Schachteln.
Nur ein Karton mit Luftlöchern steht immer noch im Gras.
»Jetzt ist es kurz vor sechs. Gleich geht es los«, kündigt das kleine Känguru an. »Nun werdet ihr eingebildeten Vögel richtige fliegende Mäuse sehen!«

»Ach, werden wir das?«, fragt der Rabe spöttisch. »Ich fürchte, deine Spitzmäuse fliegen keine drei Zentimeter hoch.«
»Keine zwei Zentimeter!«, ruft der Specht.
»Ach was: keine zwei Millimeter!«, schreit ein Spatz.
»Wir können ja wetten«, schlägt das kleine Känguru vor. »Ich wette mit euch, dass ihr jetzt gleich Mäuse seht, die höher als unser Haus fliegen. Verliere ich meine Wette, dürft ihr jeden Morgen vor meinem Fenster Krach machen, so viel ihr wollt. Gewinne ich aber, darf sich nie mehr ein Vogel auf mein Fensterbrett setzen. Einverstanden?«

»Einverstanden!«, rufen die Vögel durcheinander. »Einverstanden, einverstanden!«
»Einverstanden«, sagt auch der Rabe und reicht dem kleinen Känguru seinen rechten Flügel.
Das kleine Känguru streckt die rechte Hand aus und schüttelt den Flügel. Damit ist die Wette gültig.

»So, die Wette gilt. Jetzt zeig uns doch mal deine fliegenden Mäuse«, sagt der Rabe.
»Ja, zeig sie uns, zeig sie, zeig sie!«, rufen lachend die Vögel.
»Ich kann's gar nicht erwarten. Das wird vielleicht ein Spaß!«, sagt der Rabe noch einmal.
»Dem wird der Spaß schon noch vergehen!«, flüstert die kleine Springmaus dem kleinen Hund ins Ohr.
Das kleine Känguru ruft: »Kleiner Hund, öffne doch bitte mal den Karton!«
Der kleine Hund trottet langsam zur Schachtel mit den Luftlöchern und schiebt den Deckel beiseite.
»Was ist denn nun mit dem Ballon? Wann fliegt er denn endlich?«, ruft der Rabe.
»Ja, wann fliegt er denn nun? Wir sind ja so gespannt«, rufen die Vögel.
»Wer sagt denn was von einem fliegenden Ballon?«, fragt das kleine Känguru.
»Ich habe niemals von einem fliegenden Ballon gesprochen. Immer nur von fliegenden Mäusen. Und die werdet ihr jetzt gleich sehen!«
Das kleine Känguru beugt sich über den Karton und ruft: »Ihr könnt rauskommen!«

»Na endlich!«, sagt eine Stimme aus der Schachtel.
»Wird langsam Zeit!«, sagt eine andere.
Zwei Fledermäuse steigen heraus. Sie setzen sich erst auf den Rand der Schachtel, dann breiten sie ihre Flughäute aus – und flattern los.
Sie fliegen zweimal um das Hausdach, schwirren über die verdutzten Vögel hin, umkreisen noch eine hohe Eiche und sind wenig später am Abendhimmel verschwunden.
»Das … das …« Dem Raben hat es die Stimme verschlagen.
»Aber … aber das, das …«, stottert der Spatz.
»Aber … das waren aber Fledermäuse!«, kann der Rabe endlich sagen.
»Ja, ja, ganz recht, Fledermäuse«, sagt das kleine Känguru.
»Hausmäuse oder Haselmäuse, Spitzmäuse oder Springmäuse, Feldmäuse oder Fledermäuse – was macht das schon aus! Hauptsache, zwei Mäuse sind geflogen, und ich habe meine Wette gewonnen!«
»Gewonnen, gewonnen! Das kleine Känguru hat seine Wette gewonnen!«, schreien der kleine Hund und die kleine Springmaus und tanzen im Garten herum.
Nicht nur der Rabe ist sprachlos, auch die anderen Vögel sitzen stumm und verblüfft auf Zaun und Hecke herum.
»Danke, liebe Spitzmäuse, dass ihr mitgespielt habt«, sagt das kleine Känguru und hilft den Spitzmäusen wieder auf die Erde. »Den Käse dürft ihr natürlich behalten.«
»Ja, danke, liebe Cousinen«, sagt auch die kleine Springmaus. »Ohne euch wären die Vögel vielleicht selber drauf gekommen, dass Fledermäuse gemeint waren, und hätten nicht mitgewettet.«
»Ach, das hat doch Spaß gemacht«, sagt die erste Spitzmaus.

»Ja, wirklich. Ich habe mich fast wie eine Weltreisende gefühlt«, sagt die zweite Spitzmaus.
»Nur schade, dass wir nicht wirklich losgeflogen sind«, sagt die dritte, die jüngste Spitzmaus.
Das kleine Känguru ruft den Vögeln zu:
»Nanu, warum seid ihr denn auf einmal so leise? Ach so, es ist ja sechs Uhr. Schlafenszeit! Ich wünsche eine angenehme Ruhe und guten Schlaf! Meine Freunde und ich gehen jetzt zusammen abendessen. Ihr entschuldigt uns, ja? Und träumt recht schön vom Fliegen!«
»Und von Mäusen!«, ruft die kleine Springmaus.
»Und vom Essen!«, ruft der kleine Hund.
»Vom Essen? Warum denn vom Essen?«, fragt das kleine Känguru.
»Weil ich Hunger habe«, erklärt ihm der kleine Hund.
Deshalb gehen das kleine Känguru, die kleine Springmaus, der kleine Hund und die Spitzmäuse ganz schnell ins Haus.
Eines muss man den Vögeln lassen, so frech sie sind: Wenn sie eine Wette verloren haben, halten sie sich auch daran. Von nun an wurde das kleine Känguru nie mehr morgens durch lautes Vogelgeschrei geweckt.

Das faule Faultier

Mittags wacht das Faultier auf,
hebt den Kopf und lässt ihn sinken.
So beginnt sein Tageslauf.
Dann gähnt es sehr
und noch viel mehr,
und es sagt:

»So, nun bin ich aufgewacht,
jetzt schlaf ich weiter, gute Nacht!«

Klopft man mal ans Faultierhaus,
streckt das Tier nach vielen Stunden
seinen Kopf zum Fenster raus.
Dann gähnt es sehr
und noch viel mehr,
und es sagt:

»Wer hat denn mitten in der Nacht
einen solchen Lärm gemacht?«

Geht das Tier mal aus dem Haus,
schlüpft es in den linken Schuh
und ruht sich danach erst mal aus.
Dann gähnt es sehr
und noch viel mehr,
und es sagt:

»Sucht mal meinen rechten Schuh,
denn ich bin zu faul dazu!«

Wenn es Eis und Kuchen gibt,
wird das faulste Faultier wach,
weil es süße Sachen liebt.
Dann gähnt es sehr
und noch viel mehr,
und es sagt:

»Erdbeereis ist sehr gesund.
Schiebt's mir bitte in den Mund!«

Das Geschenk

Professor Monogrohms Frau stand eines Morgens nach dem Frühstück vor dem geöffneten Fenster, blickte hinaus und sagte zu ihrem Mann: »Schau mal, wie schön: Der Himmel ist blau, die Wölkchen sind weiß, das Gras ist grün, und die Käfer fliegen. Der Sommer steht vor der Tür.«

»Wer steht vor der Tür?«, fragte Professor Monogrohm, der berühmte Erfinder der fünfeckigen Kugel, der wasserdichten Windhose, der Frühstücks- und der Erfindungsmaschine. Er war gerade damit beschäftigt, den Plan für eine neue Maschine mit Filzstift auf die weiße Tischdecke zu zeichnen.

»Der Sommer«, sagte seine Frau und setzte sich zum ihm.

»Bleib ruhig sitzen, ich mache auf«, sagte Professor Monogrohm und eilte zur Haustür. Vor der Tür stand wirklich ein Mann.

»Guten Tag, Herr Sommer«, sagte Professor Monogrohm. »Treten Sie ein!«

»Ich heiße nicht Sommer, sondern Möller«, antwortete der Mann. »Und hinein will ich auch nicht. Ich möchte nur dieses Päckchen für Herrn Monogrohm abgeben.«

Er drückte Professor Monogrohm ein Päckchen in die Hand, sagte noch: »Hier unterschreiben bitte!«, und ging wieder.

Professor Monogrohm trug das Päckchen ins Wohnzimmer.

»Oh, ein Geschenk von meinem Kollegen, von Professor Unstein!«, rief er seiner Frau zu, als er den Absender entziffert hatte. »Ich bin gespannt, was er mir schickt.«

Im Päckchen befand sich eine Dose. Auf der Dose war eine Aufschrift: *Sommer, verdichtet*

Professor Monogrohm öffnete den Deckel. Zuerst kam laue Luft heraus. Sie duftete nach Heu.
Dann wehte ein leichter Wind aus der Dose und ließ die Gardinen flattern.
Frau Monogrohm sagte: »Merkwürdig: Ich höre das Meer rauschen und die Möwen kreischen. Hörst du das auch?«
Professor Monogrohm nickte und drehte die Dose um. Da rieselte ganz viel Sand heraus und verwandelte das Wohnzimmer in einen Strand.
»Zu dieser Erfindung kann ich deinem Kollegen nur gratulieren«, sagte Frau Monogrohm, zog ihren Badeanzug an und legte sich am Strand in die Sonne.

KLEINE LÄNDERKUNDE

1.

Ein Mann aus **Mogadischu**
vermisste einen Ski-Schuh.
Doch weil es dort nie schneite,
war's keine große Pleite.

2.

Ein Elefant aus **Swasiland**,
der eine Menge Kirschen fand,
verzehrte sie mit Appetit
und aß sogar die Kerne mit.

3.

Zwei Kälber aus den **Niederlanden**,
die kamen unter bei Verwandten,
obwohl die Onkel und die Tanten
die beiden Kälber gar nicht kannten.

4.

Ein Vogel aus der **Mongolei**,
der legt am Werktag stets ein Ei.
Am Sonntag meistens keines.
Und wenn, dann nur ein kleines.

5.

Wer nie in **Herzegowina**
die Heinzelmännchen tanzen sah,
der kann von diesen Wichten
zu Hause nichts berichten.

6.

Ein Bäcker auf den **Balearen**,
der hatte Mehl in seinen Haaren,
da er, weil sein Baby lachte,
vor Freude einen Kopfstand machte.

7.

Ein fröhliches Rentier aus **Lappland**,
das im Konzert keinen Platz fand,
ist einfach auf das Podium gekommen
und hat bei den Blechbläsern Platz genommen.

8.

Ein kleiner Hund in **San Marino**
sah Horrorfilme gern im Kino.
Bei allen gruseligen Stellen
begann er fürchterlich zu bellen.

9.

Ein kleines Kind aus **Labrador**,
das in der Nacht entsetzlich fror,
hat seine Mutter aufgeweckt,
die hat es dann gut zugedeckt.

10.

Zwei ziemlich kleine **Vietnamesen**,
die sollten in ihrem Lesebuch lesen.
Der eine begriff schlecht, der andre war heller.
Der eine las langsam, der andere schneller.

Bellos Verwandlung

Max lebt mit seinem Vater, dem Apotheker Sternheim, in der Wohnung genau über dem Laden. Vor einigen Tagen hat eine geheimnisvolle alte Frau eine Flasche mit einer blauen Flüssigkeit in der Apotheke abgegeben. Die blaue Tinktur scheint ein Super-Düngemittel zu sein, denn alle Pflanzen, die Herr Sternheim damit begoss, wuchsen ins Riesenhafte. Jetzt steht die Flasche mit dem blauen Elixier im Hinterzimmer der Apotheke.
Seit Kurzem hat Max einen Hund. Er hat ihm den Namen Bello gegeben. Max liebt seinen Hund. Aber jeden Abend, wenn draußen andere Hunde bellen, wird Bello unruhig, bellt laut und will nach draußen. Meistens kann ihn dann der Herr Sternheim ablenken. Aber heute Abend ist Herr Sternheim nicht zu Hause. Er ist auf einer Chorprobe. Nun muss sich Max etwas einfallen lassen, um seinen Hund zu beruhigen.

Max erzählt:

Am Tag zuvor hatte ich mir aus der Apotheke eine Rolle Traubenzucker-Bonbons geholt und für Bello ein Bonbon hochgeworfen. Er hatte es sich in der Luft mit dem Maul geschnappt, und es hatte ihm so gut geschmeckt, dass er sich gleich auf die Hinterfüße setzte, Männchen machte und noch mehr davon haben wollte. Er bekam aber kein zweites Bonbon, weil Papa in

»Wie erziehe ich meinen Hund?« gelesen hatte, dass man Hunden nichts Süßes geben soll.
Ich dachte: Ein zweites winzig kleines Traubenzückerchen kann einem Hund bestimmt nicht schaden. Nein, ganz bestimmt nicht. Und wenn ich Bello erst mal ein bisschen nach dem schnappen lasse, wird ihn dieses Spiel so interessieren, dass er seine Hundefreunde vergisst.
So ging ich mit Bello hinunter, durch die Hintertür in die dunkle Apotheke. Ich tastete mich durch den Raum. Das Licht wollte ich nicht anknipsen, sonst hätte man mich von draußen durch die Schaufenster sehen können. Die Leine von Bello hatte ich losgelassen, hier unten konnte er ja nicht entwischen. Während ich im Dunkeln um mich tastete, hörte ich, wie Bello ins Hinterzimmer ging. Er war gerade dabei, an dem dort stehenden Mandarinenbaum das Bein zu heben.
»He, Bello, du kannst hier drinnen doch nicht pinkeln!«, rief ich, nahm seine Leine vom Boden auf und versuchte ihn wegzuziehen.
Dabei geschah es dann. Ich bin wohl mit dem Ellenbogen an die Flasche mit dem blauen Elixier gestoßen. Jedenfalls fiel sie vom Tisch. Die Flasche zerbrach, und die ganze Flüssigkeit ergoss sich über den Boden.
Bello fing gleich an, den blauen Saft aufzuschlabbern. Es schmeckte ihm offensichtlich. Wahrscheinlich meinte er, ich hätte ihm was Leckeres zum Trinken spendiert.
»Nein, Bello! Nicht!«, schrie ich.
»Der Dünger ist vielleicht giftig!«
Aber es war schon zu spät.

Einen Augenblick geschah gar nichts. Dann gab Bello merkwürdige Geräusche von sich. Sie kamen nicht aus seinem Maul, eher aus dem ganzen Hundekörper. So als würden Knochen knacken. Bello dehnte sich, stellte sich auf die Hinterfüße, wuchs und wuchs, seine Schnauze wurde kürzer, ganz so, als ob sie in den Kopf zurückgezogen würde, seine langen Ohren wurden rund und fleischig, dann verschwand auch sein Fell immer mehr – und vor mir stand ein nackter, dicht behaarter Mann mit einem Hundehalsband um den Hals, von dem eine Leine herunterhing.

Das Elixier hatte Bello in einen Menschen verwandelt.

Dieser Mensch guckte mich mindestens so verblüfft an wie ich ihn.

»Mmmmm …«, machte er. Dann: »Mmmmax!«, mit tiefer, rauer Stimme.

Dann noch einmal: »Mmmax!«

»Bello, du … du bist ein Mensch!«, stammelte ich, als ich meine Sprache wiedergefunden hatte.

»Du bist ein Mönsch«, wiederholte er, guckte an sich herunter und nickte dann. »Ja, du bist ein Mönsch.«

»Nein, *du*! Du bist ein Mensch. Du musst sagen: *Ich* bin ein Mensch!«
»Hmmm?«, machte er. Das Wort »ich« schien er nicht zu kennen.
»Du, Bello, bist ein Mensch.«
»Bello ist ein Mönsch«, sagte er. Dann immer schneller und immer begeisterter: »Bello ist ein Mönsch, Bello ist ein Mönsch!«
Ich fragte: »Wieso kannst du sprechen?«
Bello guckte mich erstaunt an und sagte: »Max sprücht doch auch.«
»Ja, aber du bist doch ein Hund«, sagte ich.
»Bello ist ein *Mönsch*!«, verbesserte er mich.
»Ich meine, du *warst* doch ein Hund«, sagte ich.
»Hunde sprechen auch«, sagte Bello. »Hunde sprechen hundlich, Mönschen sprechen mönschlich. Bello ist ein Mönsch.«
»Ein Mensch«, verbesserte ich.
»Ja, ein Mönsch«, wiederholte er. »Und warum ist Bello ein Mönsch?«
»Das hat die blaue Flüssigkeit gemacht, die du getrunken hast. Sie verwandelt also nicht nur Pflanzen, sondern auch Tiere.«
»Verwandelt Türe«, wiederholte Bello und nickte.
»Was mache ich jetzt nur mit dir?«, fragte ich.
»Bello hat kalt. Mönschen haben kein Fell, Haare nur auf dem Kopf. Kalt ist!«, beklagte er sich.
»Wir gehen nach oben in die Wohnung. Da kannst du eine Hose und Jacke von Papa anziehen«, sagte ich. »Aber lass mich erst mal gucken, ob niemand im Treppenhaus ist. Nicht, dass dich Frau Lichtblau so sieht. Du bist ja nackt.«
»Ja, naggt«, wiederholte Bello. »Naggt macht kalt.« Gemeinsam schlichen wir die Treppe hoch in unsere Wohnung.
Bello ging gleich ins Kinderzimmer.
»Da ist meine Decke da«, sagte er zufrieden, drehte sich einige Male um sich selbst, legte sich hin und rollte sich auf der Hundedecke zusammen.
»Nein, Bello. Du sollst doch Kleider anziehen«, sagte ich.
»Komm mit in Papas Schlafzimmer.«

»Papas Schlafzümmer«, sagte er und stand auf. »Kleider anziehen, ja.«
Ich wühlte in Papas Kleiderschrank und versuchte Bello zu zeigen, wie man in eine Hose schlüpft und wie man ein Hemd anzieht. Das war gar nicht einfach. Wenn ich ihm nicht geholfen hätte, wäre er wahrscheinlich mit den Beinen in das Hemd geschlüpft oder hätte die Hose über den Kopf gezogen.
Ich war so mit Bellos Garderobe beschäftigt, dass ich gar nicht hörte, wie Papa die Wohnungstür aufschloss. Aber Bello hatte es mitgekriegt, er schnüffelte mit hoch erhobener Nase und sagte: »Papa kommt!«
Gleich darauf kam Papa ins Schlafzimmer.
Er blieb mit offenem Mund in der Schlafzimmertür stehen und war einen Augenblick ganz still vor Schreck. Dann rief er aufgeregt: »Was machen Sie in meinem Schlafzimmer? Wer hat Sie überhaupt reingelassen? Wieso haben Sie meine Kleider an? Max, komm sofort her zu mir! Max, wer ist dieser Herr?«
»Dieser Herr?«, sagte ich. »Du wirst es nicht glauben, Papa.«
»Sag schon!«, schrie Papa.
Ich sagte: »Dieser Herr ist Herr Bello.«
»Bello? Was für ein Herr Bello?«, fragte Papa.
»Na, unser ehemaliger Hund eben«, sagte ich.
Jetzt mischte sich auch der fremde Mann ein. »Bello ist ein Mönsch«, sagte er stolz, kam zu Papa, stemmte ihm die Hände auf die Brust, sagte noch mal: »Bello ist ein Mönsch, Papa«, und versuchte Papas Gesicht abzulecken.
»Pfui!«, rief der. »Weg da! Was soll das!«
Ich rief: »Sitz! Bello, sitz!«, und sofort setzte sich Bello auf den Boden.
Papa sah erst jetzt, dass dieser fremde Mann Bellos Halsband umhatte.
»Max, bitte erklär mir jetzt alles, bevor ich durchdrehe«, sagte Papa.
»Ich war mit Bello unten im Labor«, begann ich vorsichtig.
»Ja? Und?«, fragte Papa.
»Und da ist die Flasche mit dem blauen Wundersaft runtergefallen, Bello hat alles aufgeleckt, und dann ist er eben so geworden.«
»So geworden«, bestätigte der von da unten. »Bello ist ein Mönsch.«

Jetzt musste sich Papa auch erst mal setzen. Allerdings auf das Bett und nicht auf den Boden.
»Was, um Himmels willen, machen wir jetzt mit ihm?«, fragte er.
»Wieso? Er bleibt natürlich bei uns. Schließlich war er mein Hund«, sagte ich.
Papa schüttelte energisch den Kopf.
»Wir können doch hier nicht einfach einen Mann, einen ›Mönsch‹, beherbergen, der früher mal ein Hund war. Das grenzt ja an illegalen Tierversuch«, sagte er. »Wenn das rauskommt, kann ich meine Apotheke gleich zumachen.«
»Sollen wir Bello, also, ich meine, Herrn Bello, denn einfach wegschicken?«, fragte ich. »Er bleibt bei uns. Ich mag ihn, auch wenn er kein Hund mehr ist.«
»Bello mag auch Max«, sagte Herr Bello, stand auf und versuchte nun, mein Gesicht abzulecken.
»Nein, Bello, nicht!«, rief ich lachend. »Menschen lecken nicht jemanden ab, wenn sie ihn mögen.«
»Lecken nicht ab?«, fragte Herr Bello. Er stand jetzt in der Zimmermitte und witterte, zog die Luft mit erhobener Nase ein. Dann ging er zu Papa und begann ungeniert an dessen Jacke zu schnüffeln. »Papa war bei der Frau von oben, die Bello gestern gestreichelt hat.«
»Nenn mich nicht immer Papa«, sagte Papa unwillig. »Ich bin nicht dein Papa, ich bin der Papa von Max. Sag Sternheim zu mir.«
»Ja, Bello sagt nur noch Papa Sternheim«, antwortete Herr Bello bereitwillig.
»Nicht Papa Sternheim! Nur Sternheim!«, rief Papa, viel lauter, als er wahrscheinlich wollte. Die Situation wuchs ihm aber auch wirklich über den Kopf.
»Verstehst du, Bello? Sternheim.«
Herr Bello schien beleidigt zu sein.
»Gut, Bello sagt nur Sternheim«, wiederholte er. »Und Sternheim sagt nicht Bello.«
»Nicht Bello? Wie denn sonst?«, fragte Papa.
»Sternheim sagt *Herr* Bello«, sagte Herr Bello stolz. »Herr Bello ist ein Mönsch.«

Eine gemütliche Wohnung

Wenn man heutzutage einen Handwerker bestellt, weil irgendetwas in der Wohnung repariert werden soll, muss man meistens sehr lange herumtelefonieren, bis man einen findet, der Zeit hat zu kommen.
Das habe ich gemerkt, als neulich unser Kühlschrank nicht mehr ging.
Ich rief bei drei Elektrikern an. Der erste sagte, er habe überhaupt keine Zeit. Der zweite wollte mich überreden, doch lieber gleich einen neuen Kühlschrank zu kaufen. Der dritte versprach, bei uns vorbeizuschauen, wenn er mal in unsere Gegend käme. Leider schien er sehr selten in unsre Gegend zu kommen.
Nach zwei Wochen lief der Kühlschrank immer noch nicht. (Nur die Butter fing an zu laufen, denn es war gerade ziemlich heiß.) Deswegen versuchte ich noch einmal mein Glück und rief bei einem vierten an. Er hieß E. Knorps und versprach zu meinem Erstaunen, gleich am nächsten Tag zu kommen.
Am nächsten Tag, als ich gerade mit meinen Kindern beim Mittagessen saß, klingelte es. Herr Knorps stand draußen. Er war ein ungemein freundlicher Mann. Er stellte seine beiden Werkzeugkästen, den Werkzeugkoffer und die drei Werkzeugtaschen in die Küche, setzte sich zu uns an den Mittagstisch und ließ sich den Spinat schmecken. Dann machte er sich an die Arbeit.
Ich hätte nie gedacht, dass so viele Kabel, Sicherungen und Widerstände in einem einzigen Kühlschrank stecken. Mir wurde richtig schwindelig von den vielen Drähtchen, die er da herauszog, deswegen sagte ich ihm: »Rufen Sie mich halt, wenn Sie fertig sind!«, und ging in mein Zimmer.

Gegen Abend, als meine Frau von der Arbeit heimkam, war Herr Knorps fertig und führte uns stolz den Kühlschrank vor. Er steckte den Stecker in die Steckdose, und der Kühlschrank fing wieder an zu surren.
Meine Frau öffnete die Tür und fasste ins Tiefkühlfach.
»Au!«, schrie sie und zog ihre Hand schnell zurück.
»Schon so kalt?«, fragte ich erstaunt.
»Nein, so heiß«, rief sie.
»Heiß?«, fragte ich und fasste auch in den Kühlschrank. Er strahlte eine gewaltige Hitze aus.
»Moment, Moment!«, sagte Herr Knorps eifrig, schob uns beiseite, kniete sich vor den Elektroherd, der neben unserem Kühlschrank steht, und öffnete die Tür zur Bratröhre.
»Habe ich mir doch gedacht«, sagte er triumphierend und zeigte auf die Eisschicht, die sich im Herd gebildet hatte. Zögernd steckte ich die Hand hinein. Die Bratröhre war so kalt, dass ich sie kaum anfassen konnte. »Eine kleine Verwechslung!«, entschuldigte sich Herr Knorps. »Ich scheine da zwei Drähte vertauscht zu haben. Für heute muss ich leider Schluss machen. Feierabend! Aber morgen werde ich die Sache schon in Ordnung bringen.«

Wir zogen den Kühlschrankstecker aus der Steckdose und räumten die Butter und die Wurst in den Herd. Damit sie bis zum nächsten Tag kühl standen.
Am Tag darauf kam Herr Knorps gleich nach dem Frühstück und machte sich sofort an die Arbeit.
Als er am Abend fertig war, kühlte der Kühlschrank wieder, und der Elektroherd heizte.

Leider war ich immer noch nicht ganz zufrieden. Es zeigte sich nämlich, dass jetzt aus dem Elektroherd laute Musik ertönte, wenn man ihn anstellte. Unser Radio hingegen gab keinen Ton mehr von sich.

Im Grunde genommen ist es mir ja gleich, ob die Musik aus einem Radio, einem Kühlschrank oder einem Herd kommt. Hauptsache, sie ist laut. Aber ich konnte bei unserem Elektroherd keinen anderen Sender einstellen, sosehr ich auch an allen Knöpfen drehte. Und das störte mich.

So ließ ich Herrn Knorps am nächsten Tag noch einmal kommen. Ich muss wirklich bestätigen, dass er sich alle Mühe gab. Er kam im ersten Morgengrauen und arbeitete fast ohne Pause.

Am Abend, als meine Frau heimkam, führte er uns das Radio vor: Es spielte wieder, und wir bekamen sogar zwei Sender herein, die vorher noch nie ein Mensch gehört hatte.

Aber ein kleiner Fehler war ihm doch wieder unterlaufen. Er musste wieder irgendein Drähtchen verwechselt haben. Jedenfalls ging jetzt das Licht aus, wenn ich den Telefonhörer abnahm. Und wenn jemand draußen den Klingelknopf drückte, fing drinnen unsere Spülmaschine an zu laufen.

Herr Knorps entschuldigte sich und versprach, gleich am nächsten Tag die Sache zu richten.

Die Folge war, dass am nächsten Abend nun der Küchenmixer Musik machte, die Spülmaschine kühlte und Wasser aus der Uhr kam, wenn jemand auf den Fahrstuhlknopf drückte.

Und Herr Knorps musste am nächsten Tag wiederkommen.

Inzwischen haben wir uns an Herrn Knorps gewöhnt. Er kommt jeden Tag und repariert etwas anderes.

Wir sind schon richtig befreundet und verbringen immer häufiger unsere Abende zusammen und spielen Karten oder »Mensch ärgere dich nicht«.

Ein gemütlicher Abend bei uns zu Hause sieht zurzeit etwa so aus:

Nach dem Abendessen, wenn wir das schmutzige Geschirr zum Saubermachen in den Herd geschoben haben, läutet es zweimal in der Spülmaschine.

(Herr Knorps pflegt immer zweimal zu klingeln.) Wir begrüßen Herrn Knorps, holen uns ein kühles Bier aus dem Fahrstuhl und spielen, bis der Müllschlucker zwölf Uhr schlägt. Dann machen wir langsam Schluss. Schließlich muss Herr Knorps am nächsten Tag früh aus dem Bett, um all seine Reparaturen zu schaffen. Er verabschiedet sich, steigt in den Kühlschrank und fährt nach unten. Meine Frau stellt dann noch den großen Zeiger der Uhr auf sieben, damit im Treppenhaus das Licht ausgeht, und meist sitzen wir noch ein bisschen beieinander, um der Musik im Staubsauger zuzuhören.
Unsere Wohnung ist vielleicht ein wenig ungewöhnlich jetzt. Aber wir finden sie sehr, sehr gemütlich.

KLEINE LÄNDERKUNDE

1.

Ein Bücherfreund aus **Lettland**,
der abends nie ins Bett fand,
begann ein Buch so gegen acht
und las es aus bis Mitternacht.

2.

Ein Ziegenhirt aus **Mosambik**
fand superschnelle Autos schick.
Doch ging's ihm leider wie den meisten:
Er konnte sich kein Auto leisten.

3.

Ein dicker Wirt aus **Kirgistan**
fing fürchterlich zu schimpfen an:
Ein Gast aß Wurstsalat mit Ei
und hatte dann kein Geld dabei.

4.

Ein Kleinkind aus **Dschibuti**,
das rief nach seiner Mutti.
Die konnte es zwar hören,
doch ließ sie sich nicht stören.

5.

Ein Flötenspieler im **Libanon**,
blies auf der Flöte einen Ton,
der so süß und innig klang,
dass einem fast das Herz zersprang.

6.

Selten trinken **Monegassen**
roten Wein aus Kaffeetassen.
Weil, das weiß dort jedes Kind,
Rotweingläser üblich sind.

7.

Ein Polizist in **Kasachstan**,
der zog sich kurze Hosen an.
Das fand er bei dem Sommerwetter
erstens kühler, zweitens netter.

8.

Es hatte ein Bauer in **Aserbeidschan**
ganz viele Hennen und dazu einen Hahn.
Der eitle Hahn, der nervte sie
mit seinem ständigen »Kikeriki!«.

9.

Man weiß, dass auf den **Salomonen**
sehr viele Salomonesen wohnen.
Die ärgern sich, weil man zumeist
sie fälschlich »Salmonellen« heißt.

10.

Ein Hotelier in **Kamerun**
hat jeden Morgen viel zu tun:
Er entsorgt die ganzen Schlangen,
die jede Nacht ins Haus gelangen.

Der fremde Planet

Der Pilot Ama Bend hatte seinen Auftrag beendet. Er betätigte den Hebel R-23-A, und sein Raumschiff verließ die Umlaufbahn um den fremden Planeten. Wenig später raste er fast mit Lichtgeschwindigkeit seinem Ziel entgegen.

Ama Bend wartete die vorgeschriebenen 50 Zeiteinheiten ab, dann erst schaltete er den Gedankenverstärker ein und ließ sich mit dem Koordinator verbinden. Aus dem undeutlichen Gewirr von Gedankenströmen in seinem Kopf löste sich plötzlich der laute, klare Gedankenstrom des Koordinators: »Pilot Ama Bend, Pilot Ama Bend! Kannst du mich verstehen?«

»Ich verstehe dich, Koordinator.«

»Ama Bend, du solltest den unbekannten Planeten im Raumquadrat 47/3/1 anfliegen und ihn beobachten. Hast du es geschafft?«

»Ich habe den Planeten 3800 Zeiteinheiten lang beobachten können.«

»Und? Gibt es Lebewesen dort? Intelligente Lebewesen?«

»Es gibt Lebewesen dort. Vielleicht berichte ich der Reihe nach.«

»Bitte!«

»Der Planet ist größer als alle bekannten Planeten unseres Systems. Und er kreist um einen noch viel größeren Planeten, der starke Strahlen aussendet.«

»Strahlen?«, fragte der Koordinator erstaunt. »Bist du sicher?«

»Vollkommen sicher! Ich konnte die Strahlen mit meinen Instrumenten deutlich messen. Diese Strahlen haben eine große Wirkung auf die Bewohner des

Planeten: Wenn sie von den Strahlen getroffen werden, werden sie lebhaft und bewegen sich schnell. Bleiben die Strahlen aus, weil der Planet sich weitergedreht hat, so werden sie bewegungslos.«

»Völlig bewegungslos?«, fragte der Koordinator dazwischen.

»Fast bewegungslos. Sie ziehen sich in flache Behälter zurück, die mit einem Gespinst bedeckt sind. Dort verharren sie, bis die Strahlen des großen Planeten sie wieder treffen.«

»Und wie sehen diese Lebewesen aus?«

»Sie haben einen ungegliederten, trockenen Rumpf, der sich an einem Ende stark verdünnt und dann in einem kugelförmigen Fortsatz endet. Außerdem gehen von diesem Rumpf vier plumpe Stängel ab, die einen kreisförmigen Querschnitt haben. Mit diesen Stängeln bewegen sie sich.«

»Sie sind also Vierfüßler?«, fragte der Koordinator.

»Es sind keine Füße in unserem Sinne«, überlegte Ama Bend. »Aber der Einfachheit halber können wir von Vierfüßlern sprechen. In der ersten Zeit ihres Lebens bewegen sie sich auf ihren vier Stängeln fort und halten den kugelförmigen Fortsatz nach vorn gestreckt. Später bewegen sie sich hauptsächlich auf zwei Stängelbeinen und halten die beiden anderen seitlich am Rumpf herunter. Sie tragen dann den kugelförmigen Fortsatz oben. Seitlich an dieser Kugel befinden sich zwei dünne Häutchen in einer halbkugelförmigen Vertiefung. Werden diese Häutchen durch auftreffende Luftwellen in Schwingung versetzt, so erzeugen diese Lebewesen ebenfalls Schwingungen in ihrem Rumpf und lassen sie durch eine Öffnung in der Kugel entweichen.«

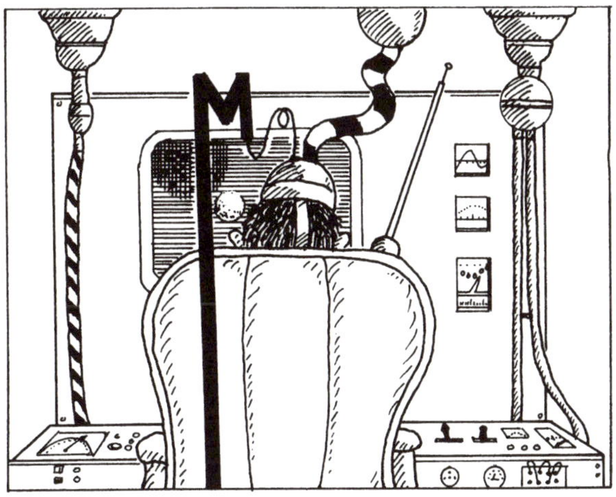

»Hast du herausgefunden, warum sie das tun?«

»Mir scheint, sie verständigen

sich auf diese Weise. Übrigens haben diese Lebewesen die Gewohnheit, ihren Rumpf und Teile ihrer Beinstängel mit einem Gespinst zu überziehen. Dieses Gespinst nehmen sie zum Teil von der Oberfläche anderer, vierfüßiger Lebewesen. Zum Teil stellen sie das Gespinst auch aus dünnen Fäden her, die sie aus Metallröhren pressen.«

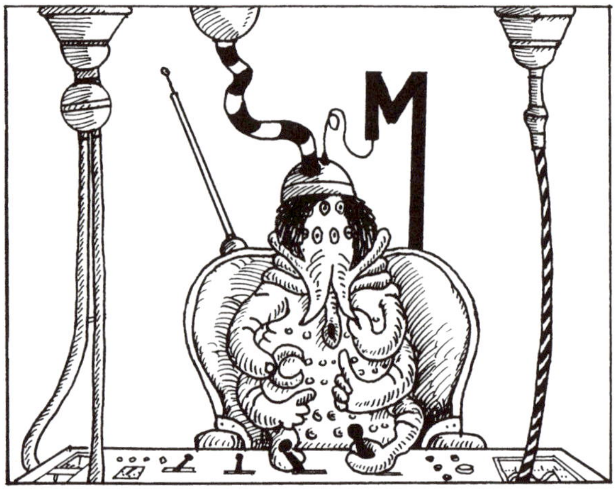

»Tun sie das, um sich warm zu halten?«, fragte der Koordinator.

»Ich habe nicht herausfinden können, wozu es gut sein soll. Sie tragen das Gespinst auch dann, wenn die Lufttemperatur so hoch ist, dass es ihnen unangenehm sein muss.«

»Vielleicht wohnen sie darinnen?«

»Nein, auch das kann nicht sein. Sie wohnen in würfelförmigen Behältern, die oben spitz zugehen. Unten ist ein viereckiges Loch, durch das sie in den Behälter gelangen. Sie haben die Gewohnheit, ganz viele dieser Behälter nebeneinanderzustellen. Auf diese Weise wird eines Tages der ganze Planet zugebaut sein.«

»Das klingt verrückt! Hast du herausgefunden, was sie damit bezwecken?«

»Leider nicht. – Zu bestimmten Zeiteinheiten findet man die Lebewesen fast alle in besonders großen Behältern. Sie stehen nebeneinander und machen alle die gleichen Bewegungen mit den Vorderbeinen. Auf ein bestimmtes Signal verlassen alle die großen Behälter und ziehen sich zurück in ihre eigenen, kleinen Behälter. Da sie das seltsamerweise alle gleichzeitig tun, herrscht ein großes Gedränge, und sie kommen nur langsam vorwärts. Wenn sie endlich in ihrem eigenen Behälter angekommen sind, tun sie wieder alle das Gleiche: Sie lassen sich auf ein Holzgestell nieder, das mit Gespinst bedeckt ist, und nehmen Strahlen auf, die aus einem Kasten kommen. Dieser Kasten besteht aus einem Kunststoff und ist mit Metallteilen gefüllt.«

»Das klingt alles rätselhaft. Man kann noch nicht erkennen, ob es intelligente Wesen sind oder nicht.«
»Die meisten ihrer Handlungen bleiben mir unverständlich. Ich kann sie nur beschreiben. Wenn sie ein bestimmtes Alter erreicht haben, benutzen sie ihre Beinstängel nur noch selten als Fortbewegungsmittel. Sie stellen kleine Behälter aus gewalztem Metall her, die sich selbstständig fortbewegen. Die Planetenbewohner steigen in diese Metallbehälter und rasen auf andere Behälter zu. Meistens gelingt es ihnen, dicht daran vorbeizurasen. Manchmal gelingt es ihnen auch nicht. In diesem Fall platzen die Metallbehälter auf. Die Lebewesen, die in den Behältern sind, werden dadurch lange Zeit bewegungslos, manche sogar für immer.«
»Das ist doch völlig verrückt!«
»Es kommt noch verrückter. Diese Lebewesen sind gezwungen, die Lufthülle ihres Planeten in winzigen Teilchen in sich aufzunehmen und wieder abzugeben. Viele der Lebewesen beschäftigen sich nun viele Zeiteinheiten lang damit, der Lufthülle durch hohe Röhren Kohlenstoff, Schwefel und andere schädliche Gase zuzusetzen. Dadurch fällt ihnen und den anderen Lebewesen die Aufnahme der Luft schwerer.«
»Erzählst du die Wahrheit?«, fragte der Koordinator ungläubig.
»Ich lüge nie«, sagte Ama Bend und schwieg gekränkt.
»Ich entschuldige mich«, sagte der Koordinator.
Ama Bend setzte seinen Bericht fort: »Viele Lebewesen sind nur damit beschäftigt, bestimmte kleine Behälter aus Metall herzustellen …«
»Du meinst die, in denen sie sich fortbewegen?«
»Nein, nein. Sie sind kleiner und haben eine andere Aufgabe. Es gibt davon verschiedene Arten, die mit verschiedenen Stoffen gefüllt sind.
Da gibt es welche, die haben die Aufgabe, das Metall zum Platzen zu bringen. In diesem Fall fliegen die Metallteile durch die Lufthülle des Planeten, reißen Löcher in die Lebewesen und machen sie für immer bewegungslos. Andere Metallbehälter erzeugen eine Luftverdichtung, die so stark ist, dass die

Wohnbehälter einstürzen und die Lebewesen zerquetschen. Wieder andere erzeugen so hohe Temperaturen, dass die Lebewesen verkohlen. Dann gibt es welche …«

»Genug! Aufhören!« Der Gedankenstrom des Koordinators war so stark, dass er schmerzte. »Es ist mir egal, ob die Lebewesen intelligent sind oder nicht. Eines ist sicher: Sie sind verrückt! Sie sind wahnsinnig! Ich will von diesem irrsinnigen Planeten nichts mehr hören. Wir werden ihn zum Sperrgebiet erklären, damit andere intelligente Lebewesen vor ihm geschützt werden. Keiner soll mit ihm Verbindung aufnehmen!«

»Sehr gut«, antwortete Ama Bend erleichtert. »Ich wollte den gleichen Vorschlag machen.«

»Nur noch ein paar abschließende Notizen für unseren Bericht«, fuhr der Koordinator fort. »Hat der Planet einen Namen?«

»Die Bewohner nennen ihn *Erde*. Und den großen Planeten, der die Strahlen aussendet, nennen sie *Sonne*.«

»Und die Bewohner?«

»Menschen. Sie nennen sich *Menschen*.«

»Hast du noch andere Bezeichnungen herausfinden können?«

»Nur noch wenige: Den kugelförmigen Fortsatz nennen sie *Kopf*. Die großen Behälter, in denen sie sich versammeln, nennen sie *Fabrik*, und der kleine Kasten, vor dem sie so viele Zeiteinheiten verbringen, wird *Fernseher* genannt.«

»Danke, das genügt«, sendete der Koordinator. »Du hast gut gearbeitet. Ich wünsche dir einen guten Heimflug! Auf später!«

»Danke. Auf später!«, antwortete Ama Bend. Mit seinen Seitenfühlern stellte er den Gedankenverstärker aus, während er mit seinen blauen Vordertastern gleichzeitig den Hebel R-23-A auf Stufe vier schob. Dann saugte er sich gemütlich an der verspiegelten Innenfläche des kleinen Raumschiffs fest. Er freute sich: Sein Auftrag war beendet. Noch dreihunderttausend Zeiteinheiten, und er war wieder daheim.

Prinz Otto

Als die Königin Luise-Felicitas ihr erstes Kind erwartete und der Zeitpunkt der Geburt sich näherte, wurde sie von ihrem Mann, dem König Philipp, ins königliche Krankenhaus begleitet. Wenige Stunden später schenkte sie Drillingen das Leben, drei kräftigen Knaben.

Das rief bei König Philipp eine ziemliche Verwirrung hervor. Er war sich nämlich vorher mit seiner Frau darüber einig gewesen, dass sie ein Mädchen Susanne-Hermine-Adelgunde nennen würden und einen Jungen Otto.

Nun war der König durch das dreifache freudige Ereignis sehr überrascht und auch ein wenig überfordert. Und als die Hebamme nachfragte, welche Namen sie für die drei Kinder ins Geburtsregister eintragen solle, handelte er überstürzt und ziemlich unbesonnen. Er hatte schon beim ersten Anblick seiner drei Söhne das Gefühl gehabt, dass er sie nie auseinanderhalten können würde. Deshalb nannte er sie kurzerhand Otto. Und zwar alle drei.

König Philipps eigenwillige Namensgebung wurde von den königlichen Verwandten sehr belächelt und sorgte für einigen Spott. Aber selbst sie mussten zugeben, dass diese Namenswahl durchaus auch Vorteile hatte.

Das zeigte sich zum Beispiel beim königlichen Mittagessen. König Philipp und Königin Luise-Felicitas aßen am liebsten in der Oberhofküche am großen Tisch, zusammen mit dem Oberhofkoch und den beiden Küchenjungen. So waren sie sicher, dass ihnen das Essen immer ofenwarm serviert wurde. Außerdem aß man da gemütlicher als oben im großen Thronsaal, wo die ganzen

Diener herumstanden. Die pflegten sich nämlich vielsagend anzugrinsen, wenn der Königin ein Gürkchen von der Gabel fiel oder wenn der König einen Soßenfleck auf dem Tischtuch hinterließ. Auch machten sie sich untereinander über die Benennung der Prinzen lustig. Dabei war es wirklich ein Segen, dass die drei Prinzen alle gleich hießen.

Die Königin sagte oft: »Wie schön, dass unsere Jungen alle auf den Namen Otto hören. Wie viel schwerer hat es da zum Beispiel König Rasmus mit seinen drei Kindern, wenn es zum Mittagessen geht!« Das war nur zu wahr gesprochen.
Das Ehepaar vom Nachbarkönigreich hatte nämlich auch drei Kinder: den Prinzen Bartholomäus, die Prinzessin Marie-Elisabeth-Friederike und den jüngsten Sohn, der auf den Namen Stanislaus-Roderich hörte. Wenn das nachbarliche Königspaar beim Essen saß und König Rasmus seine Kinder zu Tisch rufen wollte, musste er erst »Bartholomäus!« rufen, dann »Marie-Elisabeth-Friederike!« und schließlich »Stanislaus-Roderich!«. Hatte der König die drei langen Namen endlich alle aufgerufen, war das Essen schon fast kalt geworden. Anders bei König Philipp. Der musste nur knapp »Otto!« rufen, und schon kamen alle drei.
Prinz Otto, Prinz Otto und Prinz Otto entwickelten sich prächtig und wuchsen zu jungen Männern heran. Und wie alle Drillinge hatten sie in allen Dingen einen ähnlichen, meist sogar denselben Geschmack. So ist es nicht weiter verwunderlich, dass sich Prinz Otto, aber auch Prinz Otto und nicht zuletzt Prinz Otto in dasselbe Mädchen verliebten. Nämlich in die hübsche Nachbarsprinzessin Marie-Elisabeth-Friederike. Denn auch Marie-Elisabeth-Friederike war herangewachsen zu einer außerordentlich hübschen jungen Frau. Otto, Otto und Otto konnten sich stundenlang über sie unterhalten und von Mariechen schwärmen. So nannten sie nämlich die hübsche Prinzessin. Prinz Otto liebte es, Mariechen in einem kleinen Boot über den Schlossteich zu rudern. Prinz Otto dagegen hörte gerne mit ihr zusammen Radio. Denn zu der Zeit, in der diese Geschichte spielt, war das Radio gerade erfunden worden. Es gab allerdings nur einen einzigen Sender.
Prinz Otto fuhr am liebsten mit ihr im Auto durch den Schlosspark. Denn auch Autos gab es damals schon. Allerdings noch ohne Autoheizung. Deshalb fuhr man nur im Sommer, wenn es warm war. Den Winter über stand das Auto im Schuppen neben den königlichen Pferdeställen. Von all diesen

Unternehmungen kam jeder der drei Ottos fröhlich zurück, um seinen Brüdern von den kleinen Abenteuern zu berichten, die er mit Mariechen erlebt hatte.
Prinz Otto etwa erzählte: »Als ich heute Nachmittag mit Mariechen Boot fuhr, beugte sie sich über den Bootsrand, um eine Seerose zu pflücken. Wir kamen derart ins Schwanken, dass das Boot beinahe gekentert wäre!«
Prinz Otto rief: »Um Himmels willen!«, und sein Bruder fragte: »Es ist euch doch hoffentlich nichts passiert?«
Prinz Otto lachte. »Nein, natürlich nicht«, sagte er. »Aber selbst wenn sie aus dem Boot gekippt wäre, hätte sie überlebt. Das Wasser ist ja nicht mal einen Meter tief.«
Prinz Otto erzählte ein andermal von einem kleinen Unfall, den er und Mariechen mit dem Auto gehabt hatten. Er hatte eine Kurve zu schnell genommen und einen Akazienbaum im Schlosspark gestreift. Doch auch das war ungefährlich, und Mariechen hatte nur laut darüber gelacht. Prinz Otto erzählte wiederum stolz, dass er mit Mariechen zusammen die Sendung *Tiere der Urzeit* im Radio gehört hatte.
Seine Brüder fragten: »Und wie war es? Erzähl!«
Prinz Otto berichtete: »Also, die Elefanten hatten früher Haare und lange, krumme Stoßzähne. Sie hießen Mammuts. Und die Pferde waren noch so klein wie heutzutage ein Schaf.«
Prinz Otto schüttelte den Kopf, und Prinz Otto sagte: »Das wollten wir gar nicht wissen. Was hat Mariechen dazu gesagt?«
»Ach so«, sagte Prinz Otto. »Sie hat gemeint, wie gut es sei, dass die Pferde inzwischen größer sind. Denn auf schafgroßen Pferden würde sie nicht gerne reiten.«
»Da hat sie aber auch recht!«, sagten Prinz Otto und Prinz Otto wie aus einem Mund.
Eines Tages wurde das Glück von Prinz Otto, Prinz Otto und Prinz Otto jedoch sehr getrübt.

Alonso, ein junger Prinz, war in das Nachbarschloss eingezogen und wohnte dort nun im dritten Stock, genau über dem Zimmer von Mariechen. Er war als Austausch-Prinz aus Spanien gekommen, um sein Deutsch zu verbessern. Stanislaus-Roderich, Mariechens jüngerer Bruder, lebte wiederum drei Monate am Hof von Madrid, um Spanisch zu lernen.

Alonso war ein hochgewachsener, schöner Jüngling mit langen, schwarzen Haaren und dunklen Augen. Im Gegensatz zu den Drillingen, die einen sparsamen Haarwuchs hatten und sich nur alle zwei Wochen rasieren mussten, trug Prinz Alonso einen gepflegten Schnurrbart, dessen gebogene Spitzen elegant nach oben ragten.

Immer häufiger kam es nun vor, dass Prinz Otto bedrückt von einem Spaziergang zurückkam und sagte: »Eben habe ich Mariechen gesehen.«

»Was hat sie gesagt?«, fragte Prinz Otto, und Prinz Otto wollte wissen, ob sie auch ihn erwähnt habe.

Prinz Otto schüttelte den Kopf. »Ich habe überhaupt nicht mit ihr gesprochen«, sagte er. »Ich habe sie nur von Weitem gesehen. Sie ist mit diesem Alonso ausgeritten.«

Oder Prinz Otto wollte mit ihr telefonieren. Aber ein Diener nahm den Hörer ab und sagte: »Die Prinzessin ist leider außer Haus. Sie geht im Park spazieren.«

Und Otto war sich mit Otto und Otto einig, mit wem sie im Park spazieren ging.

Prinz Otto saß nur noch melancholisch am Schlossteich, Prinz Otto ließ das Auto im Schuppen stehen, obwohl es angenehm warm war, und Prinz Otto stellte das Radio nur noch auf halbe Lautstärke.

»So geht es nicht mehr weiter«, sagte Prinz Otto eines Tages.

»Du hast recht«, stimmte Prinz Otto zu, und Prinz Otto seufzte zustimmend.

»Wir müssen etwas unternehmen!«, schlug Prinz Otto vor.

»Aber was?«, fragte Prinz Otto.

»Wir sagen ihr, dass sie sich entscheiden muss. So oder so!«, sagte Prinz Otto entschlossen. Seine Brüder nickten mit ernster Miene.

Am nächsten Sonntag holte Prinz Otto das Auto aus dem Schuppen, und die drei fuhren gemeinsam zum Nachbarschloss und parkten direkt vor der Eingangstür. Mariechen war sehr überrascht, als sie die drei vor ihrer Tür antraf. Prinz Otto und Prinz Otto hatten es sich auf der Stoßstange des Autos bequem gemacht, Prinz Otto hatte sich einfach auf den Deckel des Kofferraums gesetzt. Da saßen sie nun und schauten Mariechen verlegen lächelnd an. Schließlich brach Prinz Otto das Schweigen. »Mariechen, bitte setz dich einen Augenblick zu uns!«, bat er.

»Ja, bitte«, fügte Prinz Otto hinzu, und Prinz Otto machte eine einladende Geste.

»Ihr seid heute so feierlich!«, sagte Mariechen und nahm zwischen Prinz Otto und Prinz Otto auf der Stoßstange Platz.

»Mariechen«, begann Prinz Otto stockend. »Mariechen, wir müssen dich etwas fragen.«

»Unser Glück hängt davon ab«, sagte Prinz Otto.
»Geradezu unser Leben!«, ergänzte Prinz Otto.
»Dann fragt doch endlich, wenn es so wichtig ist!«, sagte Mariechen.
»Es ist wegen Prinz Alonso …«, begann Prinz Otto.
»Wir fragen uns nämlich …«, fuhr Prinz Otto fort.
»… ob du ihn vielleicht liebst«, vollendete Prinz Otto den Satz.
»Alonso?«, rief Mariechen lachend. »Wie kommt ihr denn auf diese merkwürdige Idee?«
»Weil du doch ständig mit ihm zusammen bist!«, sagte Prinz Otto.
»Mit ihm spazieren gehst!«, rief Prinz Otto.
»Und mit ihm ausreitest!«, fügte Prinz Otto hinzu.
Mariechen lachte. »Ihr habt wirklich verrückte Ideen!«, sagte sie.
»Mein Vater hat mir befohlen, dass ich mich um unseren Austausch-Prinzen kümmere, damit er sich bei uns wohlfühlt und kein Heimweh bekommt.«
»Und du liebst ihn wirklich nicht?«, fragte Prinz Otto.
»Aber nein«, antwortete sie. »Ihr wisst ganz genau, wen ich einzig und allein von ganzem Herzen liebe!«
»Und wer ist das?«, fragte Prinz Otto atemlos.
»Ja, wen denn, wen?«, wollte Prinz Otto wissen, und Prinz Otto sagte drängend: »Jetzt sag es doch schon!«
Mariechen errötete. »Ich liebe nur Otto«, flüsterte sie. Damit war es heraus!
Und so wurde keine acht Wochen später eine prächtige Hochzeit gefeiert.
Wen Mariechen geheiratet hat?
Prinz Otto natürlich!

KLEINE LÄNDERKUNDE

1.

Einem Mann namens Tom aus **Honduras**,
der gerne die Wurst mit viel Senf aß,
verging die Freude am Essen:
Man hatte den Senf ganz vergessen!

2.

Ein Kartenspieler aus **El Salvador**,
der abends beim Spielen ein Solo verlor,
der hätte das Spiel leicht gewonnen,
hätt' er nicht mit dem Herz-Ass begonnen!

3.

Im großen Land **Brasilien**
blühen viele Lilien.
Im kleinen Land **Albanien**,
da blühen die Geranien.

4.

Panama, das ist bekannt,
ist eine Stadt und auch ein Land.
Ist man einmal dort gewesen,
dann kennt man auch die Panamanesen.

5.

Es wohnt ein Mann im **Engadin**,
den zieht's zu seiner Freundin hin.
Die lebt in Hohenstaufen.
Da muss er sehr weit laufen!

6.

Ein Barbesitzer aus **Sierra Leone**
ging stets mit Hut und niemals ohne,
weil er es nicht leiden konnte,
dass sich seine Glatze sonnte.

7.

Ein Boxerhund aus **England**,
der keinen Platz im Zug fand,
stieg einfach wieder aus
und ging zu Fuß nach Haus.

8.

Ein Hausbesitzer aus **Hessen**,
der hatte den Schlüssel vergessen.
Das hat ihn weiter nicht verdrossen,
die Tür war nämlich nicht verschlossen.

9.

Ein Germanist auf den **Komoren**
hat leider den Verstand verloren.
Er sagt, dass er Schneewittchen ist
und seine Zwerge sehr vermisst.

10.

Wenn im Mai die **Kosovaren**
mit Frau und Kind in Ferien fahren,
gestalten sie die Ferienfahrt
stets nach Kosovaren-Art.

Die Tochter des Mäusekönigs

Es war kurz vor Mitternacht, und König Parmesano saß gerade in seinem Palast beim Frühstück.

Er verspeiste einige Käserinden, vier Weizenkörner, eine Weintraube, und als Höhepunkt die Reste eines Leberwurst-Brötchens, das jemand achtlos in einen Abfallkorb geworfen hatte.

Nun mag man sich vielleicht wundern, weshalb jemand, und dazu noch ein König, so spät am Abend frühstückt und weshalb er Reste von Leberwurstbrötchen mit großem Genuss verspeist. Deshalb muss erst mal erzählt werden, dass Parmesano ein Mäusekönig war.

Mäuse schlafen ja am Tag und werden in der Nacht erst so richtig munter. Und der Rest eines nur wenig angeschimmelten Leberwurstbrötchens ist für sie ein echter Leckerbissen.

Mäusekönig Parmesano herrschte über ein riesiges Reich, das war fast so groß wie ein Fußballplatz. Na ja, sagen wir: fast so groß wie das Feld zwischen dem Elfmeterpunkt und dem Fußballtor.

Und sein Palast war ungefähr so groß wie ein Schuhkarton, allerdings gut mit Moos und trockenem Gras ausgepolstert.

König Parmesano war sehr stolz auf sein Reich und seinen Palast.

Noch stolzer aber war er auf seine einzige Tochter. Sie hieß Philine, und als die Tochter eines Königs durfte sie sich Prinzessin Philine nennen.

Sie hatte eine Nase, spitz wie ein Dorn. Ihr Pelz war hellgrau, ganz dicht und

glänzte wie Seide. Ihre Augen leuchteten schwarz wie Grillkohle. Und sie hatte einen langen, rosafarbenen, zart geringelten Schwanz.
Dies alles gilt bei Mäusen als besonders hübsch.
Während König Parmesano also gerade genüsslich am Brötchen nagte, kam ein junger Mäuserich durch die Palasttür hereingeschlüpft. Wobei man sich natürlich klarmachen muss, dass diese Tür nichts anderes war als ein rundes Mäuseloch.

Der Mäuserich verneigte sich.
Etwas zu lässig, fand König Parmesano.
Er fragte unwillig: »Hast du vergessen, wie man seinen König begrüßt?«
»Sei mir gegrüßt, alter König«, sagte der Mäuserich und verneigte sich noch einmal.
»*Edler* König, nicht alter König!«, verbesserte der König ihn. »Was gibt es so Wichtiges, dass du mich beim Frühstück stören musst?«
Der Mäuserich sagte: »Ich bin zu dir gekommen, weil ich deine spitznasige, schwarzäugige, graupelzige Tochter heiraten möchte.«
Da konnte König Parmesano nur lachen.
»Prinzessin Philine? Das kannst du vergessen. Ich werde meine Tochter nur jemandem geben, der stärker ist als alles andere auf der Welt.«
»Das ist unmöglich«, sagte der junge Mäuserich. »Dann müsstest du sie ja dem Mond geben. Der beherrscht den Himmel und ist stärker als alle Sterne rings um ihn herum!«
»Das ist unmöglich?«, wiederholte Mäusekönig Parmesano. »Du wirst sehen, dass dies sehr wohl möglich ist. Komm mit ins Freie! Ich werde ihn nämlich gleich fragen.«

Hintereinander schlüpften sie aus dem Mäuseloch nach draußen. Der Mond leuchtete voll und rund über ihnen am Nachthimmel.
König Parmesano stellt sich auf die Hinterbeine, machte sich ganz lang und rief hinauf: »Hallo, Mond! Hörst du mich?«
Der Mond fragte: »Wer ruft mich? Könnten Sie bitte ein wenig lauter sprechen? Ich verstehe Sie kaum.«
König Parmesano holte tief Luft und schrie hinauf: »Sehr geehrter Herr Mond, hier spricht Parmesano, König aller Mäuse. Du bist der Stärkste und erhellst mit deinem Strahlen die ganze Nacht. Mond, nur du sollst meine hübsche, spitznasige, schwarzäugige, graupelzige Tochter heiraten.«
Der Mond lachte übers breite, runde Gesicht und rief hinunter: »Dummer König der Mäuse! Erstens will ich nicht heiraten. Und ein Mäusemädchen schon gar nicht.«
»Ach so«, sagte Mäusekönig Parmesano enttäuscht. »Und zweitens?«
»Und zweitens«, fuhr der Mond fort, »und zweitens bin ich ja gar nicht der Stärkste.«
»Nicht die Stärkste? Wer ist denn stärker als du?«, fragte Mäusekönig Parmesano.
»Die Wolke«, antwortete der Mond. »Siehst du, da kommt sie schon. Sie schiebt sich einfach vor mich. Sie verdeckt mich. Sie nimmt meinen Strahlen die Kraft. Sie lässt mich verschwinden.«
Mäusekönig Parmesano sagte: »Wer hätte das gedacht: Die Wolke ist die Stärkste. Sie kann den Mond verschwinden lassen.«
»Du wirst deine Tochter wohl nicht mit einer Wolke verheiraten wollen!«, sagte der junge Mäuserich lachend. Er hatte die ganze Zeit neben dem König gestanden und zum Mond hinaufgeblickt. »Die Wolke ist ja bekanntlich eine *Frau* Wolke.«
»Wie man immer wieder hört, heiraten neuerdings Frauen auch Frauen«, sagte der König. »Wir werden gleich sehen, ob die Wolke an Prinzessin Philine interessiert ist.«

Und schon rief er hinauf: »Wolke, du bist die Stärkste überhaupt. Hier spricht Parmesano, König der Mäuse. Willst du meine hübsche, spitznasige, schwarzäugige, graupelzige Tochter heiraten?«

»Heiraten? Deine Tochter? Was für ein Unsinn«, antwortete die Wolke schlecht gelaunt. »Außerdem bin ich gar nicht die Stärkste.«

»Nicht die Stärkste?«, fragte Mäusekönig Parmesano. »Aber du kannst den Mond verdecken. Wer ist stärker als du?«

»Der Wind! Dieser dumme, dämliche Wind braust übers Land und bläst einfach alles vor sich her, Blätter und Zweige – und auch mich, wie du siehst. Er pustet mich einfach weg!«

Da war die Wolke auch schon weggeweht. Von ganz fern hörte Mäusekönig Parmesano sie noch einmal rufen: »... mich ... einfach ... weg ... einfach ... weg ... weg!«

»Das ist wichtig zu wissen«, sagte Mäusekönig Parmesano zum jungen Mäuserich. »Der Wind ist also der Stärkste überhaupt.«

»Entschuldige, alter König: Aber du wirst doch nicht die dumme, dämliche Idee haben, deine Tochter dem Wind zu geben!«, rief der junge Mäuserich. »Soll sie mit ihm durch die Luft wehen?«

»Hast du immer noch nicht gelernt, wie man seinen König anspricht?«, fragte König Parmesano. »Man sagt ›edler König‹! Und dein edler König wird jetzt den Wind fragen, ob er die Prinzessin Philine haben will.«

Laut rief er: »Wind! Wind, hörst du mich?«

»Natürlich höre ich dich. Ich bin doch nicht taub«, sagte der Wind. »Was gibt's?«

»Ich wollte dich fragen, ob du meine hübsche, spitznasige, schwarzäugige, graupelzige Mäusetochter heiraten willst.«

»Deine Mäusetochter?«, fragte der Wind. »Und wie komme ich zu dieser Ehre?«

»Du kriegst sie, weil du doch der Stärkste überhaupt bist«, sagte Mäusekönig Parmesano.

»Hm«, machte der Wind. Dann noch einmal ganz lange »Hmmm«.
»Was meinst du mit ›Hmmm‹?«, fragte Mäusekönig.
»Hm«, machte der Wind ein drittes Mal. »Ehrlich gesagt bin ich ja gar nicht der Stärkste.«
»Wie bitte? Nicht der Stärkste?«, rief Mäusekönig Parmesano. »Verrätst du mir, wer stärker ist als du?«
»Die Mauer da vorne. Die dicke Mauer«, gab der Wind zu. »Sosehr ich auch puste und wehe und blase und stürme: Sie widersteht mir einfach. Gegen die komme ich nicht an. Sie ist zu fest.«
»Das hätte ich mir ja gleich denken können«, sagte Mäusekönig Parmesano. »Natürlich, die Mauer. Die ist die Stärkste.«
»Du willst deine Tochter doch nicht etwa mit einer Mauer verheiraten! Wie stellst du dir das vor?«, fragte der junge Mäuserich. »Mit einer Mauer wäre deine Tochter bestimmt nicht glücklich! Eine Mauer kann sich nicht bewegen. Sie kann nicht einmal sprechen!«
»Das werden wir gleich erkunden«, sagte Mäusekönig Parmesano. »Schließlich habe ich versprochen, meine Philine nur dem Stärksten auf der Welt zu geben. Und ein Mäusekönig hält sein Wort.«
Er ging bis zum äußersten Rand seines Mäusereiches, dort stand nämlich die große, dicke Mauer.
Als er davor angekommen war, räusperte er sich erst ein wenig, guckte hoch und fragte vorsichtig: »Mauer, kannst du eigentlich sprechen?«
»Was soll diese dumme Frage?«, antwortete die Mauer. »Wenn in einer Geschichte der Mond sprechen kann, die Wolke und der Wind – weshalb soll es dann eine Mauer nicht können?«
»Na, siehst du!«, sagte der Mäusekönig zum jungen Mäuserich. »Die Mauer spricht zwar ein bisschen dumpf und steinern. Aber sie spricht! Und dies ganz verständlich.«
Laut rief er: »Große Mauer, weil du die Allerstärkste bist, sollst nur du meine hübsche spitznasige, schwarzäugige, graupelzige Mäusetochter haben.«

»Danke«, sagte die Mauer. »Aber ich bin mir gar nicht mehr so sicher, ob ich wirklich die Stärkste bin.«

»Du machst Witze«, rief Mäusekönig Parmesano. »Wer soll stärker sein als du, die dicke, feste Mauer?«

Die Mauer fragte: »Wenn jemand ein Loch in mich hineinknabbern kann, und ich, die dicke, feste Mauer, kann mich nicht dagegen wehren, dann muss der Lochknabberer doch stärker sein als ich. Findest du nicht?«

Mäusekönig Parmesano überlegte. »Hm. Ja, das ist logisch«, sagte er dann. »Wenn jemand ein Loch in dich, die dicke Mauer, knabbern kann, und du kannst dich nicht dagegen wehren, muss er eigentlich stärker sein als du.«

»Und genau das hat jemand getan!«, rief die Mauer. »Es ist unerhört! Unglaublich ungezogen!« Sie wurde immer ärgerlicher. »Es ist ungeheuer unartig! Unverfroren und unfein!«

Mäusekönig Parmesano versuchte sie zu unterbrechen.

»Du hast ja recht«, sagte er. »Aber bitte, sag mir, wer ...«

Die Mauer hörte gar nicht hin, sie hatte sich jetzt richtig in Wut geredet. »Es ist unverschämt!«, rief sie. »Ungerecht! Unvergleichlich unangenehm!«

»Du hast ja wirklich recht«, fing der Mäusekönig noch einmal an. »Ich will ja nur wissen, wer ...«

»Unerfreulich!«, schimpfte die Mauer weiter. »Unfair, unzulässig und unverfroren!«

Nun wurde auch Mäusekönig Parmesano laut und rief: »Jetzt sag mir endlich: Wer, bitte schön, hat dich angeknabbert?«

»Dieser junge Mäuserich«, sagte die Mauer. »Dieser unverschämte, unhöfliche, ungezogene Mäuserich.«

»Der Mäuserich?«, rief Mäusekönig Parmesano. »Dann wäre ja der Mäuserich der Allerstärkste. Dann muss ja der Mäuserich meine Tochter kriegen.«

Er wandte sich an den jungen Mäuserich. »Jetzt sag mal ganz ehrlich: Hast *du* das Loch in die Mauer geknabbert?«

»Das Loch? Ja. Das habe ich«, sagte der Mäuserich.

»Dann bist du also der Stärkste«, staunte Mäusekönig Parmesano. »Darf man fragen, weshalb du, der Stärkste, ein Loch in die Mauer geknabbert hast?«
»Man darf fragen«, erlaubte der Mäuserich. »Ich wollte eine schöne Höhle haben, ein feines, gemütliches Mäusenest für mich und deine hübsche, schwarzäugige, spitznasige, graupelzige, langschwänzige Mäusetochter. Da hab ich mich durch die ganze Mauer durchgenagt. Auf der einen Seite ist der Haupteingang, tief drinnen ist dann unser Nest, schön mit Heu ausgepolstert, und auf der anderen Seite ist der Ausgang zum Garten, wo später mal die kleinen Mäuse herumspazieren können.«
Mäusekönig Parmesano fragte: »Welche kleinen Mäuse?«
»Na, die Kinder von mir und deiner hübschen, schwarzäugigen, spitznasigen, graupelzigen Mäusetochter«, antwortete der Mäuserich.
»Wenn das so ist«, sagte Mäusekönig Parmesano. »Wenn das so ist, dann will ich gleich mal meine hübsche Tochter holen!« Und laut rief er: »Mäusetöchterchen, kommst du mal zu deinem Mäusevater?«
Es dauerte eine Weile, dann kam Philine angeschwänzelt und fragte: »Hast du mich gerufen, Papa?«
»Ja. Hör gut zu«, sagte Mäusekönig Parmesano. »Ich habe einen Mann für dich ausgesucht. Und zwar den Allerstärksten auf der Welt. Freust du dich?«
Philine schüttelte den hübschen Kopf und sagte: »Ich will aber gar nicht den Allerstärksten, Papa.«
»Du willst nicht den Allerstärksten?«, fragte Mäusekönig Parmesano. »Ja, wen denn dann?«
»Ich will nicht den Stärksten heiraten, sondern den, den ich am liebsten mag«, erklärte sie ihm.
»Dann hätte ich mir meine ganze Suche sparen können!« Nun war Mäusekönig Parmesano stocksauer. »Da mache ich mir die Mühe und frage den Mond, die Wolke, den Wind und die Mauer. Und dann sagt mein Töchterlein, sie will gar nicht den Stärksten heiraten, sondern den Liebsten! Und wen, bitte schön, magst du am liebsten?«

»Na, diesen Mäuserich hier«, sagte sie.
Und damit fasste die hübsche, spitznasige, schwarzäugige, graupelzige, langschwänzige Mäusetochter den jungen Mäuserich fest beim Ohr, zog ihn mit sich, und sagte: »Auf Wiedersehn, Papa. Du bist natürlich zu unserer Hochzeit eingeladen!«
Und gleich darauf war sie mit ihrem Liebsten in der Mauerhöhle verschwunden.

TIERE und SPORT

HAMMERWERFEN

Ein Hammerhai aus Nordhessen,
der hatte den Hammer vergessen.
Man kann es kaum fassen,
er nahm es gelassen
und warf einen Hering stattdessen.

BOXEN

Ein Boxerhund aus Holzminden,
der konnte am Boxen nichts finden.
Es hat ihn ein Floh
besiegt durch K. o.
Das konnte er niemals verwinden.

KUGELSTOSSEN

Ein Kugelfisch aus Vilsmosen
versuchte, die Kugel zu stoßen.
Er beugte sich munter
zur Kugel hinunter.
Da platzten ihm leider die Hosen.

FUSSBALL

Ein Papagei aus Mühlhausen,
der hatte den Kopf voller Flausen.
Er sagt: »Trät' ich ein
in den Fußballverein,
ich wäre der beste Rechtsaußen!«

VERZWICKT & VERZWACKT

Von kleinen Schwestern und anderen Schwierigkeiten

Zwei Geschichten von Anne und Hannes

Hannes darf sich rächen

Eigentlich macht Hannes seine Hausaufgaben immer im Wohnzimmer am großen Tisch, während Anne in der Zwischenzeit im Kinderzimmer spielt.

Aber heute Nachmittag macht Hannes seine Hausaufgaben im Kinderzimmer.

Erstens ist Mama nicht da. Sie ist mit Frau Neugebauer einkaufen gefahren.

Und zweitens hat Anne ganz fest versprochen, dass sie nicht stören wird. Dass sie nur neben ihm sitzt und zuschaut, dass sie nicht redet und dass sie überhaupt kein bisschen Krach macht.

Gespannt rückt sie ihren Stuhl ganz dicht neben seinen und beobachtet alles, was Hannes macht.

Erst schlägt er sein Heft auf. Dann holt er den Füller aus dem Mäppchen und beginnt zu schreiben. Darauf macht er eine Pause und schaut die Wand an. Dabei murmelt er vor sich hin. Sosehr sich Anne auch anstrengt, sie kann nichts verstehen außer »hmhm … hmhmhm … hm … hmhmhmhm …«

Sie schaut auch die Wand an, aber es gibt da eigentlich nichts Besonderes zu sehen. Anne steht auf und stellt sich hinter Hannes, um herauszufinden, wo genau er hinsieht. Sie schaut einmal links an seinem Kopf vorbei, einmal rechts. Aber entdecken kann sie nichts.

»Was machst du denn da hinter mir?«, fragt Hannes unwillig und dreht sich um.

»Ich gucke«, flüstert Anne kaum hörbar.

»Wie bitte? Kannst du nicht lauter reden?«, sagt Hannes.
»Doch. Aber ich soll doch leise sein«, antwortet Anne normal laut. »Ich hab gesagt: Ich hab geguckt.«
»Geguckt? Was gibt's denn zu gucken?«, will Hannes von ihr erfahren.
»Woher soll *ich* das wissen?«, sagt Anne erstaunt.
»Dann hör jetzt auf mit dem Blödsinn«, sagt Hannes und schreibt weiter.
Kurz darauf betrachtet er schon wieder die Wand und murmelt dabei.
Anne rutscht vorsichtig von ihrem Stuhl und schlendert unauffällig zur Wand hinüber, die Hannes immer so angestrengt anschaut. Aber auch aus der Nähe gibt es nichts zu entdecken. Deshalb setzt sie sich wieder auf ihren Stuhl.
»Du, Hannes ...«, flüstert sie.
Das Murmeln von Hannes wird lauter.
»Du, Hannes ...«, sagt sie noch einmal leise.
Hannes schaut noch aufmerksamer die Wand an und sagt dabei: »Siebzehn, neunzehn, einundzwanzig und drei ist vierundzwanzig.«
»Du, Hannes ...«, sagt Anne wieder. Diesmal ziemlich laut.
»Vierundzwanzig. Vierundzwanzig und drei ... und drei ... Jetzt hast du mich rausgebracht! Jetzt muss ich alles noch einmal rechnen!«, schimpft Hannes.
»Was gibt es denn? Du hast doch gesagt, du willst leise sein!«
»Warum guckst du immer auf die Wand?«, fragt Anne.
»Tu ich doch gar nicht, ich rechne«, erklärt Hannes. »Hier, diese ganzen Zahlen muss ich zusammenrechnen. Und dabei musst du still sein, sonst verrechne ich mich.«
Anne schaut auf die Zahlen im Heft.
»Wie bei uns im Bad«, stellt sie fest.
»Was? Wieso?«, fragt Hannes.
»Na, hier!«, sagt sie und deutet auf die karierte Heftseite.
Hannes versteht immer noch nichts. »Was soll wie im Bad sein?«, fragt er.
»Na, die vielen Vierecke hier, die Kästchen«, erklärt sie ihm.
Hannes muss lachen. »Ach, du meinst: wie die weißen Fliesen bei uns an der

Badezimmerwand?«, sagt er und guckt auf die Heftseite. »Du hast recht: ganz viele kleine weiße Fliesen.«
»Wozu sind die da?«, fragt Anne.
»Zum Rechnen. Man muss die Zahlen immer genau in die Kästchen schreiben«, erklärt Hannes.
Anne schaut aufmerksam auf die Heftseite.
»Das da steht aber nicht genau im Kästchen«, sagt sie und deutet auf eine Zahl.
»Das da!«, äfft Hannes sie nach. »Das ist eine Sieben.«
»Aha«, macht Anne. Sie deutet auf die Zahl daneben. »Und das ist eine Eins!«, sagt sie.
»Woher weißt du das?«, fragt Hannes überrascht.
»Weiß ich halt schon«, sagt Anne stolz. »Und der Ring hier?«, fragt sie weiter und deutet auf eine andere Zahl.
»Das ist eine Null«, sagt Hannes. »Und jetzt bist du wieder ganz leise! Ich muss weiterrechnen.«
Nach einer Weile legt Hannes den Füller zur Seite und steht auf.
»Bist du jetzt fertig?«, fragt Anne.
»Nein. Ich geh nur mal in die Küche«, sagt Hannes im Hinausgehen. »Ich mach mir was zu trinken.«
Anne setzt sich auf den Stuhl von Hannes. Jetzt liegt das aufgeschlagene Heft genau vor ihr. Unten auf der rechten Heftseite sind noch viele Kästchen frei. Anne nimmt den Füller und versucht, eine Eins genau in eins der Kästchen zu schreiben. Das ist schwieriger, als sie es sich vorgestellt hat. Die Zahl wird immer viel zu groß. Deshalb versucht sie es mit dem Ring, der Null. Das geht auch nicht besser. Sie muss mindestens zehn Nullen schreiben, bis endlich eine so klein ausfällt, dass sie ins Kästchen passt. Die anderen Zahlen probiert sie erst gar nicht aus, die sind sowieso zu schwer. Aber das Kreuzchen, das Hannes immer zwischen die Zahlen geschrieben hat, das geht leicht. Das kann sie auch.

Sie macht es wie Hannes: Sie schreibt zwei Kreuzchen, schaut lange die Wand an und murmelt »hmhm … hm … hmhmhm … hmmm …«, dann zeichnet sie noch ein Kreuzchen und eine viel zu große Eins.
Als Hannes aus der Küche kommt, sagt Anne stolz:
»Ich hab schon ein bisschen für dich weitergerechnet.«
»*Was* hast du?«, ruft Hannes entsetzt, schaut sich sein Heft an und fängt an zu schreien: »So eine Gemeinheit! Du kleines Biest! Alles hast du verschmiert! Jetzt muss ich alles noch einmal neu schreiben, alles!«
Wütend reißt er die Seite heraus und zerrupft sie in lauter kleine Fetzen.
Anne erschrickt. »Warum machst du denn das? Du machst ja alles kaputt!«, ruft sie.
»*Du* hast doch alles kaputt gemacht! Alles verschmiert! Die ganze Seite!«, schreit Hannes. »Das kann ich doch so nicht unserem Lehrer zeigen. Jetzt muss ich eine ganze Seite noch einmal neu schreiben. Das wirst du büßen!«
»Das wollte ich aber nicht!«, sagt Anne fast weinend. »Wirklich nicht!«
»Das hilft jetzt auch nichts mehr! Die Seite ist hin!«, schreit Hannes zornig und geht auf Anne los.
Anne weicht zurück.
»Du … du darfst auch etwas kaputt machen, was mir gehört«, sagt sie hastig.
»Wenn du was von mir kaputt machst, sind wir wieder quitt, ja? Dann bist du nicht mehr so wütend, ja?«
»Kaputt machen? Was denn kaputt machen?«, sagt Hannes misstrauisch.
»Ganz egal. Irgendwas. Was du willst«, bietet Anne ihm an. »Such dir was aus!«
»Ich mach es aber wirklich ganz kaputt!«, sagt Hannes warnend.
»Das darfst du.«
»Ich zerbrech es in lauter kleine Stücke!«, droht Hannes.
»Das darfst du!«
»Und dann trampele ich darauf herum!«
»Das darfst du!«

»Und dann nehme ich die Stücke und werf sie in den Mülleimer, oder ich verbrenn sie oder werf sie ins Klo!«
»Das darfst du auch!«
»Das kann man dann aber nie mehr ganz machen. Verstehst du, nie mehr!«
Anne schluckt. »Egal«, sagt sie. »Du darfst kaputt machen, was du willst. Such dir was von meinen Sachen aus!« Hannes geht zu Annes Bauernhof und sieht sich die Holztiere an. Anne schaut zu. Schließlich zeigt Hannes auf das Huhn.
»Das mach ich jetzt kaputt!«, sagt er entschlossen und nimmt es in die Hand.
»Halt!«, ruft Anne. »Nicht das Hühnchen. Du darfst alles kaputt machen, was du willst. Aber nicht das Hühnchen. Es ist doch noch so klein!«
»Na gut«, sagt Hannes ärgerlich und stellt das Huhn wieder an seinen Platz.
»Dann nehme ich eben diese Kuh!«
Anne schüttelt heftig den Kopf. »Die Kuh?«, sagt sie. »Nein, das geht nicht.«
»Und warum nicht?«
»Weil … es sind doch zwei Kühe, die sind verheiratet. Wenn du eine kaputt machst, dann ist die andere doch so allein. Aber alles andere darfst du kaputt machen. Was du willst.«
»Dann nehme ich das Pferd, das ist sowieso allein«, sagt Hannes und holt das Pferd aus seinem Pappkartonstall.
»Das … das Pferd geht nicht!«, ruft Anne hastig.
»Warum?«
»Das hat mir doch Herr Wollmayer geschenkt! Wenn er mal wieder kommt und fragt, wo das Pferd ist, dann kann ich doch nicht sagen: Das hat der Hannes kaputt gemacht und ins Klo geworfen. Oder?«
»Nein!«
»Aber alles andere kannst du kaputt machen. Was du willst!«, sagt Anne.
Hannes schaut sich im Kinderzimmer um. Unter Annes Kopfkissen liegt ein Teddybär. Hannes zieht ihn am Ohr hervor.
»Den mach ich jetzt kaputt!«, sagt er triumphierend. »Da ist bestimmt Holzwolle drin. Oder Watte?«

»Nein, nicht meinen Teddy! Das geht nicht«, ruft Anne.
»Warum nicht?«
»Den brauch ich doch zum Einschlafen. Wenn ich meinen Teddy nicht mehr habe, kann ich nicht einschlafen. Dann musst du mir jeden Abend eine Einschlafgeschichte erzählen!«
»Jeden Abend? Du spinnst wohl!«, sagt Hannes und wirft den Teddy schnell wieder zurück ins Bett.
»Aber alles andere kannst du kaputt machen«, sagt Anne. »Was du willst!«
Hannes denkt nach. »Ich zerschneide deine Anziehsachen«, sagt er dann. »Welche Hose hast du am liebsten?«
»Die grüne«, sagt Anne. »Aber die grüne geht nicht.«
»Wieso?«
»Na, die hat doch Mama selbst genäht. Was glaubst du, was sie sagt, wenn sie sieht, dass du die Hose zerschnitten hast!«
»Stimmt!«, sagt Hannes. »Anziehsachen kann man nicht nehmen. Was hast du denn sonst noch?«
Anne wühlt in ihrer Spielkiste und findet einen großen Kieselstein, den sie einmal vom Strand mitgebracht hat.
»Den darfst du ganz kaputt machen«, erlaubt sie großmütig.
»Wie soll ich denn den kaputt kriegen?«, fragt Hannes.
Anne denkt nach. »Vielleicht ganz fest mit der Faust draufhauen«, schlägt sie dann vor.
»Nein, den Stein will ich nicht«, sagt Hannes und wirft ihn in die Spielkiste zurück.
»Und das hier?«, fragt Anne und drückt Hannes einen hölzernen Bauklotz in die Hand.
»Bauklötze will ich auch nicht!«, ruft Hannes und wirft den Bauklotz ebenfalls in die Kiste. »Ich will etwas, das ich richtig schön kaputt machen kann!«
Anne wühlt jetzt ganz lange zwischen ihren Sachen, schaut im Regal nach, unter dem Bett, im Schrank. Hannes guckt sich auch im Zimmer um.

»Du brauchst gar nicht mehr weiterzusuchen, ich hab schon was!«, ruft er triumphierend und holt Annes Ball unter dem Schrank hervor. »Ich steche ein großes Loch rein, dann geht die ganze Luft raus!«
»Der Ball geht nicht!«, ruft Anne und nimmt ihn Hannes weg.
»Wieso?«
»Den hab ich für morgen der Ulla schon ganz fest versprochen. Wir tauschen: Ich krieg für einen Tag ihren Roller und sie meinen Ball. Wenn ich das nicht mache, ist Ulla ganz traurig«, sagt Anne. »Der Ball geht wirklich nicht. Aber alles andere kannst du kaputt machen. Was du willst!«
»So, jetzt reicht's mir aber!«, schimpft Hannes. »Wenn du mir jetzt nicht sofort etwas gibst, das ich kaputt machen kann, dann nehm ich doch dein Hühnchen und werf es aus dem Fenster!«
»Gleich, gleich!«, ruft Anne aufgeregt, rennt und kommt mit einem roten Filzstift wieder. »Geht das?«, fragt sie. »Kannst du den kaputt machen?«
Hannes nimmt den Filzstift und guckt ihn sich genau an.
»Der schreibt wohl nicht mehr, was?«, fragt er misstrauisch.
»Probier's doch aus«, schlägt Anne vor.
Hannes holt ein Stück von der zerrissenen Heftseite und probiert den Filzstift aus. Man kann damit eine schöne rote Linie ziehen. Der Stift scheint wirklich noch ganz neu zu sein.
»So! Jetzt zerbrech ich den Filzstift, und dann trample ich darauf herum, und dann werf ich ihn in die Mülltonne«, kündigt Hannes an und schaut dabei prüfend zu Anne hinüber.
Aber Anne scheint es gar nichts auszumachen.
Sie schaut gespannt zu, wie er den Stift in beide Hände nimmt und versucht, ihn in der Mitte durchzubrechen.
Da muss Hannes grinsen. »So was Doofes!«, sagt er schließlich lachend. »Ich bin schon längst nicht mehr wütend. Verstehst du: Ich hab überhaupt keine Wut mehr! Hier, da hast du deinen Filzstift wieder!«
»Kannst … kannst ihn behalten«, sagt Anne.

»Du schenkst ihn mir?«, fragt Hannes überrascht.

»Nein … es … es ist nur, weil er dir doch sowieso gehört«, sagt Anne. »Ich hab dir nämlich, glaube ich, aus Versehen deinen Filzstift gegeben.«

Das geht Frau Neugebauer überhaupt nichts an

Als Hannes aus der Schule kommt, spielt Anne gerade im Kinderzimmer mit ihrem Bauernhof und ihren Holztieren.
Hannes stürmt ins Zimmer, knallt den Schulranzen auf den Boden und legt sich mit seinen schmutzigen Schuhen aufs Bett.
»He, pass doch auf! Beinah hättest du meine Kuh umgeworfen!«, ruft Anne.
»Selber Kuh!«, brummelt Hannes.
»Und wenn jetzt ein Bein abgebrochen wäre?«, sagt Anne.
»Du sollst sowieso nicht auf dieser Seite spielen. Das ist *meine* Seite vom Zimmer«, antwortet Hannes.
»Mann, du bist vielleicht schlecht gelaunt!«, ruft Anne. »Hat dich der Lehrer geärgert?«
»Nein!«
»Die anderen Kinder in der Schule?«
»Quatsch!«
»Wer denn dann?«
»Die Mama.«
»Die Mama! Unsere Mama?« Anne wird neugierig, hört auf zu spielen und setzt sich neben Hannes aufs Bett. »Was hat sie denn gemacht? Erzähl doch mal!«
Erst will Hannes nicht, aber als Anne weiter drängt, sagt er zögernd: »Sie hat sich mit Frau Neugebauer über mich unterhalten.«

Anne ist richtig enttäuscht. Sie hat wohl etwas ganz Grässliches erwartet. »Das ist alles?«, fragt sie. »Was soll denn daran schlimm sein?«
»Siehst du, du verstehst überhaupt nichts. Ich hab's ja gleich gewusst.« Hannes ist sauer. »Du bist eben noch zu klein.«
»Du kannst es mir ja erklären«, meint Anne. »Darf sie sich denn nicht unterhalten?«
»Sie soll sich ja ruhig unterhalten. Aber nicht über mich. Und schon gar nicht, wenn ich dabei bin. Und das *hat* sie«, erklärt Hannes.
»Ach so. Haben sie über mich auch was gesagt?«, will Anne wissen.
»Bestimmt! Ich hab's zwar nicht gehört. Aber bestimmt haben sie über dich auch geredet«
»Was denn?« Anne ist ganz gespannt.
»Vielleicht, dass du immer so spät aus dem Kindergarten kommst …«
»Das ist ja gemein!«, ruft Anne.
»… oder dass du neulich nachts ins Bett gemacht hast …«
»Das ist ganz, ganz gemein, dass Mama das weitersagt!«, ruft Anne wütend. »Das war doch nur, weil ich geträumt habe, ich sitze auf dem Klo, und da …«
Hannes unterbricht sie. »Vielleicht hat sie es ja auch gar nicht gesagt. Ich hab dir doch gerade erklärt, dass ich nicht gehört habe, was sie über dich erzählt hat. Ich hab nur gehört, wie sie sich über mich unterhalten haben.«
»Was hat Mama denn über dich erzählt?«
»Als ich die Treppe hochkam, hat sie sich mit Frau Neugebauer unterhalten. Ich hab noch gehört, wie sie ihr das von dem Diktat mit neununddreißig Fehlern erzählt hat. Das wäre bis jetzt mein absoluter Rekord, hat sie gesagt.«
»So was!«, sagt Anne mitfühlend. »Das ist aber nicht nett von Mama.«
»Das finde ich auch! Das geht Frau Neugebauer überhaupt nichts an«, sagt Hannes und setzt sich auf. Er findet es tröstlich, dass seine Schwester ihn versteht.
»Und weißt du, was Frau Neugebauer zu mir gesagt hat, als ich an ihr vorbeiging? ›Na, Hannes, was hört man da von dir? Neununddreißig Fehler! Was

hat denn dein Vater dazu gesagt? Da musst du dich aber ganz schön auf den Hosenboden setzen, öfter mal in die Bücher schauen, was?‹

Ich hab gar nicht gewusst, was ich antworten soll. Ich bin einfach ganz schnell vorbeigegangen. Und Mama hat auch noch gelacht!«

»Richtig gelacht?«, fragt Anne ungläubig.

»Na ja, mehr gelächelt«, sagt Hannes. »Sie hat gar nicht gemerkt, wie schlimm ich das fand.«

Anne überlegt. »Sag Mama halt, sie soll das nicht mehr machen«, schlägt sie vor.

»Dann heißt es nur wieder, ich wäre so schnell beleidigt«, sagt Hannes beleidigt.

»Dann sag *ich* es eben«, beschließt Anne. »Jetzt gleich, beim Mittagessen.«

Das ist aber gar nicht so einfach. Denn vor dem Mittagessen hört Mama erst mal Papa zu. Der erzählt, dass es schon wieder Ärger im Geschäft gegeben hat. Und als Papa eine kleine Pause macht und Anne gerade anfangen will, sagt Mama: »So, und jetzt essen wir erst mal unsere schöne Tomatensuppe!«

Nach der Suppe erzählt Papa, *warum* es schon wieder Ärger im Geschäft gegeben hat. Und als er wieder eine kleine Pause macht und Anne gerade anfängt mit: »Du, Mama …«, da sagt Mama: »Gleich, Anne! Jetzt wollen wir doch endlich mal den schönen Spinat essen.«

Aber nach dem Spinat muss Papa noch schnell erzählen, dass der Einzige im Geschäft, mit dem er keinen Ärger hat, Herr Wollmayer heißt. Und dass er Herrn Wollmayer und Frau Wollmayer morgen zum Abendessen eingeladen hat.

Danach schaut er auf die Uhr wie jeden Mittag und sagt: »Höchste Zeit, ich muss mich beeilen, die Mittagspause ist fast schon um.«

Er zieht seine Jacke an und fragt nebenbei wie jeden Mittag: »Und ihr? Wie geht's euch?«

Aber diesmal antworten Hannes und Anne nicht wie sonst: »Gut!« Nein, Anne sagt laut und deutlich: »Schlecht!«

»Schlecht?«, sagt Papa verblüfft und setzt sich wieder hin. »Warum denn? Hast du Ärger gehabt?«
»Ich nicht, aber der Hannes«, sagt Anne.
»Wieder Ärger in der Schule?«, fragt Papa Hannes.
»Nein, er hat sich über Mama geärgert«, antwortet Anne an seiner Stelle.
»Über mich? Ist das wahr?«, fragt Mama erstaunt.
»Ja«, sagt Anne eifrig. Sie ist ganz stolz, dass sie alles berichten kann.
»Jetzt lass doch mal endlich den Hannes zu Wort kommen«, sagt Mama und fragt ihn: »Was hat dich denn geärgert?«
»Du hast der Frau Neugebauer weitererzählt, dass ich ein schlechtes Diktat geschrieben hab«, sagt Hannes leise.
»Das hat dich geärgert? Aber du hast dich doch viel weniger über das Diktat aufgeregt als wir.«
»Ich mag es aber nicht, dass es jetzt Frau Neugebauer weiß und vielleicht weitererzählt«, erklärt Hannes.
»Ach, das tut sie doch nicht. Sie ist doch keine Klatschbase«, beruhigt Mama ihn.
Jetzt mischt sich auch Papa ins Gespräch.
»Ehrlich gesagt, ich hätte es auch nicht sehr gerne, wenn du ihr irgendwelche Dinge aus dem Geschäft weitererzählst«, sagt er zu Mama.
Mama ist beleidigt.
»Aber hör mal, ich werde doch Frau Neugebauer nicht erzählen, was du hier gesagt hast!«, ruft sie.
Nun ist Hannes beleidigt.
»Siehst du: Von Papa sagst du auch nichts weiter!«, mault er.
»Na gut, jetzt weiß ich, dass du das nicht magst. Ich werd daran denken und nichts mehr weitererzählen. Ja?«, sagt Mama zu Hannes.
»Einverstanden?«, fragt auch Papa.
»Ja«, sagt Hannes.
»Ich auch«, sagt Anne.

»Dann kann ich ja jetzt beruhigt wieder ins Geschäft gehen«, stellt Papa fest und tut es.
Am nächsten Abend kommen die Wollmayers zu Besuch.
Das heißt, zunächst kommen sie erst einmal ganz lange nicht. Anne ist jedenfalls schon sehr ungeduldig.
»Wann kommen sie denn endlich?«, fragt sie.
»Bald«, sagt Mama. Sie und Papa haben den Tisch heute ganz besonders schön gedeckt. Mit kleinen Blümchen neben den Tellern.
»Sind die nett, die Wollmayers?«, fragt Hannes.
»Ja, ich finde sie nett«, antwortet Papa.
»Ob die uns was mitbringen?«, überlegt Anne.
»Anne!«, sagt Mama vorwurfsvoll.
»Wirklich! Denkst du nur an Geschenke, wenn Gäste kommen?«, sagt Papa.
»Denk ich gar nicht. Ich hab nur mal so gefragt«, erklärt Anne ihm.
Dann klingelt es endlich, und die Wollmayers sind da.
Sie sind wirklich nett. Und Geschenke haben sie auch mitgebracht. Für Mama einen Blumenstrauß, für Hannes ein Buch und für Anne ein kleines Holzpferd.
»Na, gefällt dir das Pferdchen?«, fragt Herr Wollmayer, als Anne es ausgepackt hat und alle um den Tisch sitzen.
»Das passt genau zu meinem Bauernhof, ganz genau!«, sagt Anne strahlend.
»Ja, das hättest du nicht gedacht, dass sie dir etwas Passendes für deinen Bauernhof mitbringen, was?«, fragt Papa. Und zu den Wollmayers sagt er lachend: »Bevor Sie kamen, hat sie nämlich noch gefragt: ›Ob die uns wohl was mitbringen?‹«
Anne beugt ihren Kopf dicht über den Tisch.
»Ach, jetzt hast du sie verlegen gemacht«, sagt Mama lächelnd.
»Anne! Du brauchst dich doch nicht zu schämen«, sagt Papa und stupst Anne freundlich an. Und den Wollmayers erklärt er: »Man merkt nämlich immer gleich, wenn sie verlegen ist, sie wird dann ganz rot.«
»Ja, jetzt sieht man es ganz deutlich«, sagt Frau Wollmayer und streichelt

Anne über den gebeugten Kopf. »Das sieht ja niedlich aus zu ihren blonden Haaren!«
»Ja, ja«, sagt Papa stolz. »Wenn sie etwas angestellt hat, braucht sie überhaupt nichts zu sagen. Das sehe ich ihr sofort an, sofort. Neulich kam sie auch einmal ins Wohnzimmer mit einem so roten Kopf, genau wie jetzt. Da hab ich nur so aus Spaß gefragt: Na, Anne, was hast du denn wieder angestellt? Und da hat sie mir doch tatsächlich gestanden, dass sie meinen Füllfederhalter aus dem Schubfach genommen hat. Wenn ich nicht zufällig gefragt hätte, hätte ich's vielleicht gar nicht bemerkt. Und wissen Sie, was sie damit wollte?«
»Nein, was denn?«, fragt Herr Wollmayer gespannt. »Sie wollte ihn an Ulli und Ulla weiterschenken, zwei Kinder aus der Nachbarschaft.«
»Nein, tauschen«, sagt Anne so leise, dass man es kaum hört.
»Ach ja, tauschen!«, sagt Papa lachend. »Sie wollte den Füller gegen ein junges Meerschweinchen eintauschen. Stellen Sie sich das vor!«
»Aber das ist ja niedlich«, sagt Frau Wollmayer entzückt.
»Niedlich? Na, ich weiß nicht!«, antwortet Papa. »Jedenfalls gut, dass ich es noch gemerkt habe. Hannes ist da ganz anders. Dem sieht man nie an, wenn er etwas angestellt hat. Neulich ...«
Papa hört auf zu reden. Anne ist einfach aufgestanden und aus dem Zimmer gerannt.
»He, Anne, wo gehst du denn hin?«, ruft er hinter ihr her. Aber sie gibt keine Antwort. »Warum rennt die denn einfach weg?«
»Sie ist beleidigt«, sagt Hannes.
»Beleidigt? So schnell?«, wundert sich Papa. »Hannes, geh und sage ihr, sie soll sich nicht so anstellen und wieder reinkommen! Sie kann doch nicht einfach wegrennen, ohne einen Ton zu sagen!«
Hannes findet Anne im Kinderzimmer. Sie hat ein Kissen in der Hand und haut damit wütend auf ihr Bett ein.
»Du sollst wieder ins Wohnzimmer kommen, hat Papa gesagt«, richtet Hannes ihr aus.

»Ich komm nicht! Nie mehr!« Anne heult fast vor Wut. »So eine Gemeinheit! Alles hat er weitererzählt, alles! Dabei haben wir doch darüber geredet. Und er hat versprochen, dass er nichts mehr von uns weitererzählt.«
»Das hat Mama versprochen«, stellt Hannes richtig.
»Ist doch egal!«, schreit Anne wütend.
»Du brauchst deine Wut gar nicht an mir auszulassen«, sagt Hannes friedlich, nimmt Anne das Kissen aus der Hand und setzt sich neben sie aufs Bett. »Jetzt verstehst du, warum ich gestern so wütend war. Bestimmt erzählt er ihnen gerade, dass ich neununddreißig Fehler im Diktat gemacht habe.«
»Dann gehen wir eben beide nicht mehr hinüber«, sagt Anne entschieden. »Wir bleiben hier.«
In diesem Augenblick kommt Papa ins Kinderzimmer.
Er hört gerade noch den letzten Satz und sagt gleich: »So seht ihr aus! Was glaubt ihr, warum Mama so gut gekocht hat? Was ist denn los mit euch? Hannes, ich dachte, du willst Anne holen. Du willst doch wohl nicht auch hier bleiben?!«
Hannes schluckt erst einmal, dann sagt er mutig: »Am liebsten schon.«
»Was ist eigentlich in euch gefahren?«, ruft Papa ärgerlich. »War das so schlimm, dass ich das mit dem Füller erzählt habe?«
»Ja«, sagt Anne.
»Aber ich habe es doch ganz freundlich erzählt, kein bisschen geschimpft«, sagt Papa. »Und Wollmayers haben es auch nicht schlimm gefunden, sie haben gelacht darüber.«
»Ja, eben! Gelacht!«, ruft Anne empört.
»Also, jetzt sei mal nicht so empfindlich! Und schrei mich nicht an«, sagt Papa. »Schließlich habe ich doch keine Lügen erzählt. Oder?«
»Hm«, macht Anne.
»Oder hat ein einziges Wort *nicht* gestimmt bei meiner Geschichte?«, fragt Papa nach.
»Doch, schon ...«, fängt Anne an.

»Na, siehst du«, fällt Papa ihr ins Wort. »Und jetzt spiel nicht länger die beleidigte Leberwurst und komm mit! Wir wollen anfangen zu essen.«
»Hm«, macht Anne noch einmal.
»Ich geh schon mal vor. Ich muss noch eine Flasche Wein aus dem Keller holen. Wenn ich wieder oben bin, seid ihr drüben, ja?«, sagt Papa.
»Ja«, sagt Hannes.
»Hm«, macht Anne wieder, jetzt schon zum dritten Mal.
Als Papa aus dem Zimmer gegangen ist, fragt Hannes unschlüssig:
»Und was machen wir, wenn Papa wieder anfängt zu erzählen, was ich angestellt habe oder was du Schlimmes getan hast?«
»Meinst du, er tut das wieder? Jetzt weiß er doch, dass wir das nicht mögen«, sagt Anne.
»Ich wüsste schon, wie man Papa und Mama dazu bringt, dass sie aufhören mit den Geschichten über uns«, meint Hannes nachdenklich. Er erzählt es Anne. Erst will sie nicht mitmachen. Aber Hannes verspricht: »Wir machen das wirklich nur, wenn sie wieder Sachen von uns erzählen.« Und da ist sie auch einverstanden.
Hannes fasst Anne bei der Hand, und gemeinsam gehen sie ins Esszimmer.
Während des Essens geht alles gut. Papa ist vollauf damit beschäftigt, zu essen und dazwischen allen Erwachsenen Wein nachzuschenken, er kommt gar nicht dazu, viel zu reden.
Aber gleich nach dem Essen geht es schon wieder los.
»Na, hat es euch geschmeckt?«, fragt Mama.
»Ganz lecker!«, lobt Hannes.
»Besonders der Nachtisch!«, sagt Anne.
»Na, dann war es wohl doch gut, dass es der

Hannes geschafft hat, unsere kleine Schmoll-Liese wieder zu beruhigen, was?«, sagt Papa gut gelaunt und gießt sich schon wieder Wein ein.
»Hm«, sagt Anne.
»Die beiden kommen anscheinend gut miteinander aus«, meint Herr Wollmayer.
»Na, das sieht man doch!«, sagt Frau Wollmayer und wendet sich an Anne. »Du verträgst dich sicher gut mit deinem Bruder, ja?«
Ehe Anne antworten kann, lacht Papa schon und ruft dazwischen: »Na, lassen Sie sich nur nicht durch den ersten Eindruck täuschen! Da fliegen manchmal ganz schön die Fetzen zwischen den beiden. Letzte Woche saß ich gerade hier im Sessel und las die Zeitung, das heißt: Ich wollte die Zeitung lesen! Da ging drüben ein Lärm los, dass ich dachte: Jetzt bricht der Boden vom Kinderzimmer durch. ›Lass mich, blöde Kuh!‹ und ›Hörst du auf!‹ – so kam's von drüben. Ein Getöse, sag ich Ihnen! Ich hätte nie gedacht, dass zwei Kinder so laut streiten können.«
Hannes guckt zu Anne hinüber, Anne schaut Hannes an und nickt mit dem Kopf.
Hannes schluckt erst einmal, dann sagt er laut und vernehmlich: »Wenn du mit Mama streitest, ist es aber noch viel lauter!«
»Was redest du da!«, sagt Papa und lacht. Aber Anne und Hannes merken, dass es gar kein sehr lustiges Lachen ist.
»Also, Hannes! Wann sollen wir denn gestritten haben?«, sagt Mama mit einem schiefen Lächeln. »Also, wie das klingt!«
»Doch, das habt ihr«, sagt Anne. »Wegen Papas Haaren.«
»Ja, als Mama so darüber gelacht hat«, fügt Hannes noch hinzu.
»Die Geschichte müssen Sie uns aber erzählen«, sagt Herr Wollmayer lachend zu Papa. »Wir krachen uns ja auch manchmal, meine Frau und ich. Ist ja auch nicht schlimm, wenn man sich nur hinterher wieder versöhnt. Aber wegen meiner Haare haben wir uns noch nie gestritten. Das müssen Sie uns erzählen!«

»Ach, das war gar nicht direkt gestritten«, wehrt Papa ab und gießt sich erst mal Wein nach. »Es war ganz und gar unwichtig, nicht der Rede wert.«
»Papa bekommt nämlich eine kleine Glatze, man sieht's nur noch nicht«, erzählt Anne. »Und deswegen ...«
»Anne!«, sagt Mama scharf. »Er hat ein bisschen Haarausfall am Hinterkopf, das ist alles«, erklärt sie dann den Wollmayers.
»Ja, und deswegen steht er immer ganz lange im Bad und kämmt die Haare von links nach rechts«, erzählt Hannes weiter.
»Damit man die kleine Glatze nicht sieht«, sagt Anne dazwischen.
»Und vorgestern wollte Papa dann Mamas Haarspray. Damit die Haare genau so liegen bleiben, wie er sie gekämmt hat«, erzählt Hannes.
»Und darüber hat Mama gelacht, und dann ist Papa sehr, sehr böse geworden«, ergänzt Anne.
Jetzt kann man sehen, dass auch Papa rot wird, wenn er verlegen ist.
»Was ... was heißt hier ›sehr, sehr böse‹! Ich fand ... fand sie nur albern, und ich habe eben keine Lust gehabt auf ... auf ihre Albernheiten«, stottert Papa. »Man muss doch nicht immer nur Albernheiten im Kopf haben – oder?«
»Natürlich nicht«, sagt Frau Wollmayer besänftigend.
»Verlangt auch keiner«, fügt Herr Wollmayer hastig hinzu.
»Und außerdem ... außerdem ...« Papa weiß nicht, wie er seinen Satz zu Ende bringen soll.
Mama kommt ihm zu Hilfe.
»Und außerdem ist es jetzt höchste Zeit, dass die Kinder ins Bett gehen«, sagt sie.
»Ja, ihr geht jetzt ganz schnell ins Bett! Allerhöchste Zeit!«, ruft Papa.
»Gute Nacht«, sagt Anne ganz freundlich und gibt allen die Hand.
»Gute Nacht«, sagt Hannes genauso höflich.
Und dann gehen die beiden Hand in Hand aus dem Zimmer.

Zehn Geschichten von Herrn Lampert

1.

»Heute Nacht habe ich geträumt, dass ein großer gelber Vogel über mir kreiste«, erzählte Frau Lampert nach dem Aufwachen ihrem Mann.
»Träume sind Schäume«, sagte Herr Lampert.
»Du hast ja recht«, sagte seine Frau, während sie sich eine gelbe Feder aus dem Haar nahm.

2.

Herr Lampert ging am Fluss entlang spazieren, da sah er auf der anderen Seite seinen Freund Lobesam und winkte ihm zu.
»Wie komme ich auf die andere Seite?«, rief Lobesam.
»Du bist doch schon auf der anderen Seite!«, rief Herr Lampert zurück.

3.

Herr Lampert zeichnete einen Hund mit Flügeln.
Seine Neuschöpfung gefiel ihm so gut, dass er das Bild gleich seiner Frau zeigte.
»Wie findest du diesen Hund?«, fragte er.
»Welchen Hund? Ich sehe nur ein weißes Papier«, antwortete seine Frau.
»Ich hätte ihm keine Flügel malen dürfen«, sagte Herr Lampert nach einem Blick auf das Blatt. »Nun ist er davongeflogen.«

4.

Lobesam kam zu Herrn Lampert und sagte: »Stell dir vor: Der Kanarienvogel, den du mir geschenkt hast, ist leider gestorben.«
»Ehrlich?«, fragte Herr Lampert. »Das hat er bei mir nie gemacht.«

5.

»Immer morgens nach dem Aufwachen habe ich Kopfschmerzen, mir ist schwindlig, und in meinen Ohren rauscht es wie ein Wasserfall. Erst nach einer Stunde hört es dann auf«, beklagte sich Lobesam bei Herrn Lampert. »Ich weiß gar nicht, was ich machen soll.«
»Steh doch einfach eine Stunde später auf«, schlug Herr Lampert vor.

6.

Herr Lampert stellte vor dem Schlafengehen zwei Gläser neben sein Bett. Eines war mit Wasser gefüllt, eines war leer.
»Wieso stellst du dir zwei Gläser hin?«, fragte seine Frau.
»Das volle Glas steht da, falls ich in der Nacht aufwache und Durst habe«, erklärte Herr Lampert ihr.
»Und das leere?«, fragte sie.
»Das steht da, falls ich nachts aufwache und keinen Durst habe«, sagte Herr Lampert.

7.

Herrn Lamperts Frau strich sich ein Butterbrot. Gerade als sie hineinbeißen wollte, entglitt es ihrer Hand und fiel mit der Butterseite nach unten auf den Boden.
»So ein Pech!«, schimpfte seine Frau.
»Selber schuld!«, sagte Herr Lampert. »Warum hast du die Butter nicht auf die andere Seite gestrichen!«

8.

Herr Lampert betrachtete tiefsinnig einen Fingerhandschuh.
»Die Natur ist immer wieder zu bewundern«, sagte er. »Da hat sie die menschliche Hand doch so geformt, dass sie genau in einen Handschuh passt.«

9.

Lobesam rief seinen Freund an: »Du hast doch gestern mit mir zusammen die aufbackbaren Brötchen gekauft. Hast du sie schon ausprobiert?«

»Ja. Ich habe sie auf der mittleren Schiene im vorgeheizten Backofen eine halbe Stunde bei zweihundert Grad gebacken«,
erzählte Herr Lampert.
»Danke!«, rief Lobesam und legte auf, bevor Herr Lampert ausgeredet hatte.
Eine Stunde später rief er wieder an: »Die Brötchen sind rabenschwarz und völlig verkohlt!«
»Genau wie meine gestern!«, rief Herr Lampert.

10.

»Mein Sohn soll als Hausaufgabe die Namen aller großen Männer aufschreiben, die in unserer Stadt geboren sind«, erzählte Lobesam seinem Freund.
»Du bist doch sehr belesen. Kannst du ihm helfen?«
Herr Lampert antwortete: »Sag ihm, er soll schreiben: In dieser Stadt wurde noch nie ein großer Mann geboren.«
»Wirklich keiner?«, fragte Lobesam.
Herr Lampert sagte: »Hier kamen nur kleine Kinder zur Welt.«

LAMPERTS TANTE

Herr Lampert hatte eine Tante,
die Gelbwurst stets »Salampi« nannte,
während sie das Rotgelegte
als »Hans-Wurst« zu bezeichnen pflegte.
Neu dagegen ist die Kunde:
Sie nannte Dackel »Grubenhunde«
und, noch nicht genug damit,
den Bauer Merkel »Frau von Schmitt«!
Aus diesem Grund war auch der Bauer
lange Zeit mit Lampert sauer.

Sechs kleine Gedichte

AFFEN

Affen findet man im Zoo
und im Urwald sowieso.
Doch man kann sie auch entdecken,
wenn sie in »Giraffen« stecken.
Zwar sucht man Affen nicht im Tee,
doch findet man sie im Kaffee.
Sie sind in Waffeln, sind in Waffen,
in Laffen, Gaffern und in Pfaffen.
        Schaffen,
        raffen,
        straffen,
        paffen:
Überall die frechen Affen!
Wie gut, dass man im Lebertran
nur einen Eber finden kann.

WENN - DANN

Wenn Fischer unter Küchentischen
stumm nach frischen Fischen fischen,
wenn zentnerschwere Stubenfliegen
auf bequemen Liegen liegen,
wenn Jäger mitten unterm Jagen
unbequeme Fragen fragen,
wenn Schmiede nach dem Abenddämmern
noch mit ihren Hämmern hämmern,
wenn Nonnen über Stiegen steigen
und dabei auf Geigen geigen,
wenn hundertvierzehn Politessen
vorgewärmtes Essen essen,
wenn drei kugelrunde Kröten
nach Herzenslust auf Flöten flöten –
dann folgt bestimmt im nächsten Jahr
auf Januar der Zebruar.

STÄDTEKUNDE

Würzburg, Augsburg, Bielefeld,
Osnabrück und Bremen –
Du suchst eine größre Stadt?
Musst du München nehmen!
Suchst du aber eine kleine,
dann nimm Volkach oder Peine.
Ach, du suchst nach einer Stadt,
die ein Tier im Namen hat?
Schweinfurt, Aalen, Kranichstein
und Ochsenfurt (das liegt am Main).
Tiere kommen jeweils vor
in Bärenstein und Hasenmoor.
Und eine Stadt, jetzt ungelogen,
die nennt sich Katzenellnbogen!

EIN GESPRÄCH

Das Schaf, es fragt den Bauern:
»Was machst denn du?«
Der sagt: »Na, schau doch zu!
Ich säe.«
Der Bauer fragt das Schaf:
»Und was machst du?«
Das sagt: »Na, hör doch zu!
Ich mähe.«

ZUKUNFT

Die Zukunft kommt
schon morgen früh?
Kann man die nicht verschieben?
Ich wär so gern,
und zwar mit dir,
im Heute hier geblieben.

FERIEN-ENDE

Das Jahr wird langsam älter,
die Nächte werden kälter,
die Ferien sind bald aus.
Nun musst du heimwärts reisen.
Die Zeit wird dir beweisen:
Es ist auch schön zu Haus.

Drei Geschichten von Max und Paula

Falsch verbunden

Das Telefon klingelt.
Paula ruft: »Papa, Telefon!«
Aber Papa hört nicht. Er schläft wohl noch. Es ist ja auch Samstagmorgen, und Papa muss nicht ins Büro.
Paula nimmt den Hörer ab und sagt: »Hallo!«
Eine Männerstimme fragt: »Mit wem spreche ich?«
»Mit Paula«, sagt Paula.
»Mit welcher Paula?«, fragt der Mann.
»Welche?«, fragt Paula. »Gibt's denn noch eine?«
Der Mann am Telefon lacht. »Nein. Ich meine: Wie heißt du mit Nachnamen?«
»Paula Gutbrod«, sagt Paula.
»Entschuldigung. Dann bin ich falsch verbunden«, sagt der Mann.
»Wieso bist du verbunden?«, fragt Paula. »Bist du hingefallen?«
»Hingefallen?« Der Mann lacht wieder. »Du meinst, dass ich einen Verband habe?«
»Hast du doch gesagt«, wundert sich Paula. »Du bist falsch verbunden.«
»Wie stellst du dir das vor?«
Paula überlegt. »Vielleicht bist du aufs rechte Knie gefallen, und sie haben dir das linke verbunden.«
Der Mann sagt: »Eine witzige Idee. Wie alt bist du überhaupt?«

»Ich bin schon fünf«, sagt Paula.
»Man sagt ›falsch verbunden‹, wenn man eigentlich mit einem anderen sprechen wollte«, erklärt der Mann ihr.
»Mit wem wolltest du denn sprechen?«, fragt Paula.
»Mit Familie Hagemann.«
»Haben die Kinder?«, fragt sie.
»Ja.«
»Und du?«, fragt Paula weiter. »Hast du auch ein Kind?«
Der Mann zögert ein wenig mit seiner Antwort. Dann sagt er: »Ja und nein.«
»Ja und nein geht nicht«, stellt Paula fest.
»Ich habe einen Sohn, der ist ein Jahr älter als du …« fängt der Mann an.
Paula unterbricht ihn. »Dann hast du also doch ein Kind!«
»Aber Manuel wohnt nicht bei mir«, sagt der Mann. »Manuel, das ist mein Sohn.«
»Hab ich mir schon gedacht«, sagt Paula. »Wo wohnt er denn?«
»Weit weg. In Osnabrück. Bei seiner Mutter. Wir sind geschieden, meine Frau und ich«, erzählt der Mann.
»Dann siehst du deinen Manuel gar nicht mehr?«, fragt Paula.
»Leider haben wir uns im Streit getrennt. Meine Frau und ich. Und nun will sie nicht, dass ich mich mit Manuel treffe. Nicht einmal telefonieren soll ich mit ihm.«
»Ich würde trotzdem mit ihm telefonieren«, sagt Paula. »Er freut sich doch, wenn er seinen Papa hört.«
»Du meinst, er freut sich?«, fragt der Mann.

»Klar«, sagt Paula. »Mein Papa freut sich, wenn ich mit ihm telefoniere. Ich meine, wenn er unterwegs ist. Und dein Manuel freut sich bestimmt auch.«

»Aber seine Mutter erzählt ihm vielleicht, dass sein Papa ein böser Mann ist.«

»Du bist doch kein böser Mann. Das hört man doch«, sagt Paula. »Und dein Manuel findet dich auch lieb, wenn er dich hört. Du musst ihn anrufen und mit ihm sprechen.«

»Es ist nicht so einfach«, sagt der Mann. »Wenn man sich lange nicht gesehen hat, weiß man erst gar nicht, was man sprechen soll.«

»Du sprichst doch auch mit mir«, sagt Paula. »Und wir haben uns sogar überhaupt noch nicht gesehen.«

»Stimmt«, sagt der Mann. »Es gibt aber noch eine Schwierigkeit dabei.«

»Welche?«, fragt Paula.

»Weil seine Mutter nicht will, dass ich mit Manuel spreche, legt sie gleich auf, wenn sie mitkriegt, dass ich am Telefon bin.«

»Du musst ihn eben anrufen, wenn sie nicht da ist«, sagt Paula.

»Wie soll ich denn wissen, ob sie zu Hause ist oder nicht. Wo sie doch in Osnabrück wohnt«, sagt der Mann.

»Da weiß ich was«, sagt Paula.

»So? Was denn?«

»Am Sonntagmorgen schlafen Papa und Mama immer ganz lang, weil sie doch freihaben. Aber ich wache immer schon um acht Uhr auf …«, erzählt Paula.

»Ja und?«, fragt der Mann.

»Dann geh ich ins Wohnzimmer und schau ganz heimlich Fernsehen. Am Sonntagmorgen laufen doch immer Kinderfilme. Ich muss nur den Ton leise stellen, sonst hört man es oben.«

»Warum erzählst du mir das?«, fragt der Mann.

»Weil dein Manuel bestimmt auch Fernsehen guckt. Alle Kinder bei mir im Kindergarten machen das so. Du musst also am Sonntag mal schon um acht aufstehen und in Osnabrück anrufen. Dann geht dein Manuel ans Telefon, und du sprichst mit ihm. Das ist doch eine gute Idee, oder?«

»Eine sehr gute Idee«, sagt der Mann. »Paula, du bist wirklich ein kluges Mädchen. Ich bin froh, dass ich mit dir gesprochen habe.«
»Ehrlich?«, fragt Paula.
»Ganz ehrlich!«, sagt der Mann.
In diesem Moment kommt Papa die Treppe herunter.
Paula sagt schnell »Tschüs« und legt auf.
»Mit wem hast du denn gerade telefoniert? Du machst so einen fröhlichen Eindruck«, sagt Papa. »Mit deiner Freundin Klara?«
»Nein«, sagt Paula und lacht.
»Mit der Oma?«, fragt Papa weiter.
»Auch nicht«, sagt Paula.
»Jetzt sag schon: Wer hat angerufen?«
Paula sagt: »Ich weiß auch nicht, wer das war. Ein Mann halt.«
»Ein Mann?«, fragt Papa. Es klingt ein wenig besorgt. »Kennst du ihn?«
»Nein«, sagt Paula.
»Was hat er denn gesagt?«, will Papa wissen.
»Falsch verbunden!«

Paula will ein Zwilling werden

Paula schaut aus dem Fenster des Kinderzimmers. Unten im Hof fährt ihr Bruder Max große Runden auf seinem Fahrrad. Paula ärgert sich. Sie hat noch kein Fahrrad.

Paula geht hinüber ins Wohnzimmer. Dort sitzt Papa im Sessel und liest Zeitung.

»Papa«, fängt Paula an. »Papa, warum ist Max immer älter als ich?«

Papa lässt die Zeitung sinken und blickt Paula verblüfft an. »Was meinst du damit? Willst du mit ihm tauschen?«

»Warum nicht«, sagt Paula. »Das wäre doch gerecht. Die ganze Zeit war Max der ältere Bruder. Ich will jetzt die ältere Schwester sein.«

Papa lacht. »Das geht nicht!«

»Dann werden wir eben gleich alt«, beschließt Paula.

»Auch das geht nicht.«

»Warum nicht? Kevin und Justin aus dem Kindergarten sind auch gleich alt!«

»Das sind ja auch Zwillinge«, sagt Papa.

»Na gut«, sagt Paula. »Dann werden Max und ich eben Zwillinge.«

»Paula!«, sagt Papa. »Wie soll das denn gehen? Max ist doch viel größer als du.«

»Ich wachse eben ein bisschen schneller«, schlägt Paula vor.
»Man kann nicht schneller wachsen!«
»So? Warum sagt Mama dann immer, ich soll Gemüse essen, sonst wachse ich nicht?«
Papa kratzt sich hinterm Ohr, wie immer, wenn er angestrengt nachdenken muss. »Mama meint damit, dass du langsamer wächst, wenn du kein Gemüse isst. Aber wenn du es isst, wächst du normal. Verstehst du: normal, aber nicht schneller.«
Papa blickt Paula höchst zufrieden an. Er findet seine Erklärung sehr gelungen.
»Dann soll Max eben kein Gemüse essen, dann wächst er langsamer, und irgendwann sind wir gleich groß«, sagt Paula.
»Paula!«, sagt Papa. Seine Stimme klingt jetzt ein wenig genervt. »Es kommt nicht auf die Größe an. Selbst wenn du zehn Zentimeter größer bist als Max, ist er immer noch drei Jahre älter als du.«
»Und was muss man tun, damit man älter wird?«
»Gar nichts. Älter wird man von ganz allein. Da hilft nur warten.«
»Wie lange muss ich denn warten?«
»Worauf warten?«
»Dass ich so alt werde wie Max.«
»Paula, wenn du drei Jahre älter bist, ist Max auch drei Jahre älter geworden. Man wird älter, ob man will oder nicht. Es sei denn …«
Papa zögert ein wenig und macht ein ernstes Gesicht. »Es sei denn, man ist tot. Wer tot ist, bleibt tot. Der wird nicht mehr älter.«
»Aha«, sagt Paula. »Wenn Max tot ist, dann werde ich älter, er aber nicht, ja?«
»Paula!«, ruft Papa. »Du willst doch wohl nicht, dass Max tot ist!«
»Nein. Ich hab's ja nur überlegt. Dann könnte ich ja auch nicht mehr mit ihm spielen.«
»Eben!«, sagt Papa. »So etwas darf man nicht einmal denken!«
»Warum nicht?«
»Weil man es eben nicht darf!«

»Aha«, sagt Paula.

Papa legt nun die Zeitung ganz beiseite. »Ist es denn so schlimm, dass dein Bruder älter ist?«

»Immer darf er alles und ich nicht. Rad fahren und allein in die Stadt gehen und so …«

»Du bist eben die Jüngere. Das kann niemand ändern. Es sei denn …« Papa grinst jetzt ein bisschen.

»Es sei denn?«

»Es sei denn, Mama und ich bekommen noch ein drittes Kind. Dann bist du sogar sechs Jahre älter als dein Bruder oder deine Schwester.«

»Das machen wir!«, ruft Paula. »Dann darf ich mit dem Rad fahren und er noch nicht.«

»Wer ist ›er‹? Ach so, du meinst, das Baby wird ein Junge.«

»Wieso das Baby?«, fragt Paula.

»Na ja, dein Brüderchen ist ja erst mal ein Baby.«

»So eines, wie es Frau Achternbusch hat?«

Papa nickt.

»Wird Mama dann auch wie Frau Achternbusch?«

»Was meinst du damit?«

»Schleppt sie dann auch den ganzen Tag das Baby mit sich herum, gibt ihm Fläschchen, lässt es Bäuerchen machen, schaukelt es und spricht ständig mit ihm, obwohl es noch gar nicht reden kann?«

»Ja, so wird es wohl sein.«

»Kümmert sie sich dann nur noch um das Baby?«

»Ja. Babys brauchen eben mehr Pflege als große Kinder. Bei dir hat Mama das auch so gemacht, als du noch ein Baby warst. Max war damals ganz schön eifersüchtig.«

»Eifersüchtig? Obwohl er viel älter ist?«, fragt Paula.

Papa nimmt die Zeitung wieder auf. »Du kannst es dir ja mal in Ruhe überlegen, wie du das fändest, mit dem kleinen Bruder.«

Paula geht zurück ins Kinderzimmer. Dort schaut sie aus dem Fenster. Max entdeckt sie da oben und ruft: »Paula, komm doch runter! Du darfst bei mir auf dem Gepäckträger mitfahren!«

»Ja, gleich«, ruft Paula und will das Fenster schließen. Da sieht sie, wie Frau Achternbusch mit dem Kinderwagen um die Ecke kommt. Paula schaut noch ein bisschen aus dem Fenster. Frau Achterbusch stellt den Kinderwagen neben der Haustür ab, holt das Baby heraus und nimmt es in den Arm. Während sie ins Haus geht, lacht sie mit ihm und wiegt es.

»Paula, was ist? Kommst du oder nicht?«, ruft Max von unten.

»Ja, gleich«, ruft Paula zurück und schließt das Fenster.

Unterwegs macht sie noch einen kleinen Abstecher ins Wohnzimmer.

»Papa …«

Papa lässt die Zeitung sinken. »Ja?«

»Ich hab's mir überlegt«, sagt Paula. »Ich will doch keine ältere Schwester sein.«

»Aha«, sagt Papa.

»Staunst du jetzt?«, fragt Paula.

Papa lächelt. »Ehrlich gesagt: Ich habe nichts anderes erwartet.«

Max liest gern

Gestern hat Mama eine große Blechdose mit nach Hause gebracht und im Wohnzimmer auf den Schrank gestellt.
»Was ist denn da drin?«, hat Paula neugierig gefragt.
Mama hat gelacht und gesagt: »Das bleibt vorerst mein Geheimnis.«

Heute ist Mama mit dem Auto weggefahren, um einzukaufen. Eine gute Gelegenheit, denkt Paula, um mal schnell nachzugucken, was für ein Geheimnis in der Dose versteckt ist.
Sie stellt einen Stuhl neben den Schrank und steigt hoch.
Aber sie ist zu klein. Sie kann die Dose nicht erreichen. Erst als sie ein dickes Buch auf den Stuhl legt und sich auf die Zehen stellt, kriegt sie die Dose mit den Fingerspitzen zu fassen. Die Dose ist schwer. Paula schwankt, die Dose fällt ihr aus den Händen und knallt auf den Boden.
Der Deckel fliegt davon, und jetzt sieht man, was in der Dose war:

Mindestens hundert Bonbons liegen überall im Zimmer verstreut. Wie soll Paula nur all die Bonbons aufsammeln, bevor Mama zurückkommt!
Paula rennt ins Kinderzimmer.
Dort sitzt ihr Bruder Max auf dem Bett und liest. Wenn Max ein spannendes Buch liest, möchte er nicht gestört werden. Das weiß Paula.
Also fragt sie ganz vorsichtig: »Max, liest du?«
»Dumme Frage! Das siehst du doch«, antwortet Max, ohne von seinem Buch aufzugucken.
»Liest du eigentlich gern?«, fragt Paula weiter.
»Klar«, sagt Max.
»Liest du wirklich gern? Ganz bestimmt?«, fragt Paula noch einmal.
Max lässt das Buch sinken. »Das habe ich dir doch gerade gesagt«, antwortet er ungeduldig. »Sehr gern.«
Paula lässt sich nicht beirren. »Wirklich sehr arg gern?«, fragt sie.
»Ja!«, ruft Max. »Wenn man mich lässt, lese ich wirklich ganz arg fürchterlich gern!«
»Wie schön, dass du mir hilfst«, sagt Paula.
»Helfen? Wieso?«, fragt Max.
»Na ja«, sagt Paula. »Wenn du wirklich so ganz arg fürchterlich gern liest, dann liest du bestimmt gern mit mir im Wohnzimmer die Bonbons vom Boden auf!«

DAS DING

Ein Wombär, der sich Friedrich nennt
und fröhlich durch die Gegend rennt,
bleibt plötzlich stehen, halb erschreckt,
weil er im Gras ein DING entdeckt.

Erst blickt er sich mit Vorsicht um,
dann schleicht er um das DING herum,
das DING herum …
und noch mal um das DING herum.

Kann das DING gefährlich sein?
Besser, man ist nicht allein!
Er lässt das DING erst mal in Ruh
und holt schnell seinen Freund dazu.

Der Kleine, der ihm helfen will,
hat auch 'nen Namen, und zwar Spill.
Spill, das kann man hier schon sehen,
bringt das DING erst mal zum Stehen.

Friedrich hat den Geistesblitz:
Das DING, es ist ein Doppelsitz!
Beide nehmen darauf Platz
und nutzen es als Stuhl-Ersatz.

Jetzt fragen sie sich: Welche Sachen
kann man mit diesem DING noch machen?
Gleich ist das Tisch-DING fein gedeckt.
(Das hat der Friedrich ausgeheckt).

Spill und Friedrich zeigen dann,
was man damit auch machen kann:
Man kann das DING ins Wasser tauchen,
und Spill kann es als Boot gebrauchen.

Ein guter Surfer übt beizeiten
bei Wellengang das Wellenreiten.
Friedrich hat das schnell erkannt.
Das DING schwimmt ohne ihn an Land.

Bei Regen wird das DING benützt,
weil es die zwei vor Nässe schützt.
Die Tropfen machen mächtig Krach,
das freut sie unter ihrem Dach.

Das DING steht schräg, so rutschen munter
Spill und Friedrich da hinunter.
Vorsicht! Hoppla! – Kurz darauf
steigen beide wieder rauf.

Die beiden prüfen ihre Kraft:
Wer es wohl am höchsten schafft?
Hier auf dem Bild sieht man sie eben,
wie sie das DING »gemeinsam« heben.

Man sieht's an den vergnügten Mienen:
Das DING kann auch als Schaukel dienen.
Mal schiebt mit Wucht der Friedrich an,
danach ist dann der Kleine dran.

Weil die zwei nun reisen wollen,
muss das DING auf Rädern rollen.
Spill hat's besser, wie man sieht,
weil Friedrich an der Leine zieht.

Die beiden bleiben staunend stehen,
weil sie vor sich ein Wesen sehen,
das gerade Blumen pflückt,
das Haar mit einem Kranz geschmückt
(Spill und Friedrich sind entzückt).

»Wie schön sie ist«, so flüstert Spill.
Friedrich nickt und ist ganz still.
Spill schlägt vor: »Wir sollten's wagen
und sie nach ihrem Namen fragen.«

»Wir sollten aber daran denken,
der Schönen vorher was zu schenken«,
sagt Friedrich, während er ganz sacht
das DING zu einer Blume macht.

»Die Blume hier gehört nun dir!
Das Blumen-DING, wir schenken's dir.
Sagst du uns, bitte, wer du bist?
Verrat uns, wie dein Name ist!«

Sie lacht den beiden ins Gesicht:
»Wie? Meinen Namen kennt ihr nicht?
Jeder in der Gegend weiß,
dass ich Friederike heiß.«

Eure »Blume« freut mich sehr.
Doch freue ich mich noch viel mehr,
wenn ihr ein BUCH nicht so behandelt
und es ganz schnell zurückverwandelt!«

»Sie nennt es BUCH. Was mag das sein?«,
fragte Friedrich leise, und Spill sagt: »Nein,
davon hab ich noch nie gehört!«
Die Schöne hört es, fragt verstört:

»Das, was ihr beide DING nur nennt:
Ist's möglich, dass ihr es nicht kennt?
Es ist ein BUCH, es kann im Leben
nichts Schöneres als Bücher geben!«

»Dann sag uns bitte: Welche Sachen
kann man mit diesem BUCH noch machen?
Es war schon Schaukel, Stuhl und Boot,
es war ein Tisch fürs Abendbrot
und war bei uns der Mega-Hit
als Surfbrett für den Wellenritt!«,
Die zwei erzählen's, gut gelaunt.
Friederike hört's und staunt.

»Wisst ihr es nicht? Es kann im Leben
nichts Schöneres als Bücher geben!
Im BUCH kann man Geschichten lesen.
Da reiten Hexen auf dem Besen,
da kämpfen Ritter gegen Drachen,
da gibt es immer was zu lachen,
im BUCH erfahr ich, wer ich bin:
Die ganze Welt, sie steckt da drin!«

Nun zieht sie beide eng zu sich
und flüstert ihnen in das Ohr:
»Setzt euch doch bitte neben mich,
dann lese ich euch etwas vor!«

Die blaue Dose

Früher hatte Frau Davidoff einen kleinen Laden gehabt, genau gegenüber vom Dom, der nannte sich »Elenas Fundgrube«. Frau Davidoff heißt nämlich mit Vornamen Elena. Das kleine Schaufenster in »Elenas Fundgrube« war vollgestellt mit hunderterlei Sachen. Man wunderte sich immer, wie viel sie in dem schmalen Rechteck hinter der Scheibe unterbrachte: allerlei Trödel, Reiseandenken, kleine Porzellanengel, denen oft ein Flügel fehlte, Teddybären mit abgeschabtem Fell, Ketten und Ringe mit glitzernden Steinen, Münzen, Tassen, Blumenvasen und Plastikfigürchen.
Obwohl ihr Laden manchmal von Touristen überquoll, besonders dann, wenn ein Reisebus vor dem Dom Station machte, musste sie den Laden schließlich aufgeben. Die Miete war zu hoch.
Jetzt hat Frau Davidoff einen noch kleineren Laden mit einem noch kleineren Schaufenster in der Vorstadt. Sie hat ihm einen neuen Namen gegeben, den man auf einem von ihr selbst gemalten Schild über der Eingangstür lesen kann: »Kunst und Trödel«. Viel Kunst findet man zwar nicht im Laden, wenn man von einem mächtigen Ölbild mit Goldrahmen absieht, das den heiligen Nepomuk darstellt. Dafür aber umso mehr von dem Trödel, den sie schon am Domplatz verkauft hat.
Hier in der Vorstadt muss Frau Davidoff sehr viel weniger Miete zahlen, dafür findet aber nur selten ein Kunde zu ihr. Deshalb lehnt sie jetzt oft an der geöffneten Ladentür, hat die Arme verschränkt und die Augen geschlossen und

lässt sich die Sonne ins Gesicht scheinen. Ihre schlohweißen Haare, die immer ein bisschen ungekämmt wirken, weil sie sich nicht bändigen lassen und nach allen Seiten vom Kopf stehen, wirken dabei wie der strahlenförmige Heiligenschein des Nepomuk auf dem Ölbild.

Letzten Dienstag musste Frau Davidoff unvermittelt ihren Platz im Türrahmen räumen, denn es kam nach langer Zeit wieder mal eine Kundin. Ein etwa zehnjähriges Mädchen, genauer gesagt. Es hatte auffällig viele Sommersprossen, kurz geschnittene rote Haare, trug eine Brille mit kreisrunden Gläsern und war ganz in Blau gekleidet: azurblaues T-Shirt, hellblaue Hose, meerblaue Söckchen. Dazu hatte sie weiße, oben ein wenig ausgefranste Turnschuhe an.

»Möchtest du etwas kaufen oder nur gucken?«, fragte Frau Davidoff, während sie mit dem Mädchen in den Laden ging.

»Kommt darauf an«, antwortete das Mädchen.

»Und worauf kommt es an?«, fragte Frau Davidoff.

»Ob ich etwas finde«, sagte das Mädchen.

»Das klingt logisch«, musste Frau Davidoff zugeben. »Dann schau dich ruhig um. Oder suchst du etwas Bestimmtes, bei dem ich dir helfen kann?«

»Ich suche etwas ganz Bestimmtes«, antwortete das Mädchen, während es an den Regalen entlangging. »Meine Schwester hat am Samstag Geburtstag. Sie sammelt Schneckenhäuser.«

»Schneckenhäuser?«, wiederholte Frau Davidoff. Sie überlegte angestrengt. »In meinem alten Laden hatte ich mal eine große gefleckte Seeschnecke. Wenn man die ans Ohr hielt, glaubte man das Meer rauschen zu hören. Aber die habe ich schon vor Langem an eine italienische Touristin verkauft. Tut mir leid, Schneckenhäuser findest du hier keine.«

»Ich will auch keine finden«, sagte das Mädchen und ging weiter an den Regalen entlang, gefolgt von Frau Davidoff.
»Hast du nicht gesagt, deine Schwester sammelt Schneckenhäuser?«, fragte Frau Davidoff.
»Ja, das tut sie«, sagte das Mädchen, während es auf einen Stuhl stieg, um das oberste Regalbrett überschauen zu können.
»Würdest du dich bitte etwas deutlicher ausdrücken?«, fragte Frau Davidoff fast ein wenig ärgerlich. Wollte sich dieses rothaarige Mädchen mit der runden Brille etwa über sie lustig machen? »Gerade hast du gesagt, du willst deiner Schwester Schneckenhäuser zum Geburtstag schenken, aber finden willst du trotzdem keine!«
»Ich habe nicht gesagt, dass ich Schneckenhäuser will«, sagte das Mädchen und nahm dabei eine viereckige Blechschachtel oben aus dem Regal. »Ich habe gesagt, dass meine Schwester welche sammelt.«
Es pustete den Staub vom Deckel der Schachtel, wischte dann noch mit der Hand darüber und hielt sie in den hellen Lichtstreifen, der durch das schmale Schaufenster in den Laden fiel.
»Ach ja«, sagte Frau Davidoff gedehnt. Sie wusste nicht recht, ob sie sich ärgern oder über dieses merkwürdige Mädchen lachen sollte. »Und weshalb erzählst du mir das dann von deiner Schwester? Nur so zur Unterhaltung?«
»Ich will ihr eine Schachtel schenken, in der sie ihre Schnecken aufbewahren kann«, sagte das Mädchen. »Jetzt liegen sie nämlich überall in unserem Zimmer herum, und wenn man nicht aufpasst, zertritt man sie.«
»Ach so!« Frau Davidoff war erleichtert. »Warum sagst du das nicht gleich? Dann müssen wir wohl nach einer Schachtel suchen.«
»Nein«, sagte das Mädchen, während es vom Stuhl stieg.
»Nein?«, wiederholte Frau Davidoff. »Was soll denn das schon wieder heißen! Erst willst du Schneckenhäuser, dann nicht, dann eine Schachtel und doch wieder keine.«
»Wieso?«, fragte das Mädchen.

»Was ›wieso‹?«, fragte Frau Davidoff zurück.

»Wieso sagen Sie, dass ich keine will?«, fragte das Mädchen.

Jetzt wurde Frau Davidoff richtig ärgerlich. »Als ich gefragt habe, ob wir nach einer Schachtel suchen müssen, hast du laut und deutlich Nein gesagt. Oder willst du das ableugnen?«

»Nein.«

»Was ›nein‹?«, fragte Frau Davidoff.

»Ich will es nicht ableugnen«, sagte das Mädchen.

»Könntest du, bitte schön, einer alten Frau, die deine Oma sein könnte, ganz langsam und deutlich erklären, was du eigentlich willst?«

»Ich meinte doch nur, dass wir keine Schachtel suchen müssen, weil ich schon eine gefunden habe«, sagte das Mädchen und hielt Frau Davidoff die Schachtel hin, die es aus dem obersten Regal genommen hatte. »Die ist groß genug.«

Frau Davidoff verdrehte die Augen. »Drücken sich Kinder heutzutage immer so kompliziert aus?«, fragte sie. »Hättest du nicht einfach sagen können: ›Ich will eine Dose aus Blech‹? Na gut, gib mal her, was du ausgesucht hast!«

Frau Davidoff betrachtete die Blechschachtel von allen Seiten. »War mal eine Keksdose«, sagte sie dabei. »Irgendwer hat sie blau angemalt. Wenn man den alten Schriftzug noch sehen könnte, wäre sie viel mehr wert.«

Sie gab dem Mädchen die Dose zurück. »Fünf Euro, weil du es bist«, sagte sie dabei.

Das Mädchen betrachtete unschlüssig die Dose in seiner Hand. »Sie ist schön«, sagte es. »Auch groß genug. Aber ...«

»Aber?«, fragte Frau Davidoff. »Sind fünf Euro etwa zu viel?«

»Nein. Aber meine Schwester freut sich vielleicht doch nicht darüber. Die Farbe stimmt nicht. Meine Schwester mag kein Blau. Bei ihr muss alles rot sein. Das ist ihre Lieblingsfarbe.«

»Steig bitte noch mal auf den Stuhl!«, befahl Frau Davidoff. »Soviel ich weiß, muss da oben noch eine zweite Dose stehen.«

Das Mädchen stellte sich auf den Stuhl. »Die zweite ist auch blau. Leider«, sagte es, nachdem es nachgeschaut hatte.
Frau Davidoff überlegte. »Ich mache dir einen Vorschlag: Du zahlst zehn Euro und bekommst dafür eine knallrote Dose.«
»Haben Sie denn eine?«
»Noch nicht.« Frau Davidoff lächelte. »Aber ich habe hinten im Nebenraum noch eine Büchse Kunstharzlack stehen. Karmesinrot, hell. Damit habe ich gestern die Heizungsrohre gestrichen, die waren so langweilig weiß. Wenn du willst, streiche ich deine Blechschachtel damit an. Bis übermorgen ist die Farbe trocken. Dann kannst du dir eine rote Schachtel abholen. Einverstanden?«
»Einverstanden«, sagte das Mädchen.
»Verrätst du mir noch deinen Namen?«, fragte Frau Davidoff. »Damit ich weiß, für wen ich die Schachtel zurücklegen soll.«
»Rebekka«, sagte das Mädchen. »Rebekka Kunstreich.«
»Kunstreich? Das ist mal ein Name, den ich mir leicht merken kann«, sagte Frau Davidoff und lachte. »Bis übermorgen also, Fräulein Kunstreich. Auf Wiedersehen.«
»Wiedersehen«, antwortete das Mädchen, nickte Frau Davidoff noch einmal zu und ging aus dem Laden.

Zwei Tage später, am Donnerstagnachmittag, lehnte Frau Davidoff gerade mit einem Tässchen Tee in der Hand an der Verkaufstheke, als das rothaarige Mädchen mit den Sommersprossen und der runden Brille wieder in den Laden kam. Diesmal war es in Rot gekleidet: ein zinnoberrotes T-Shirt, dunkelrote Hosen und weinrote Söckchen. Nur die Turnschuhe waren blau.

»Hallo, Fräulein Kunstreich«, sagte Frau Davidoff und lächelte dem Mädchen zu.

»Hallo«, antwortete das Mädchen zögernd. Es schien erstaunt zu sein, dass Frau Davidoff seinen Namen nicht vergessen hatte.

»Ich hätte gern eine Schachtel oder Dose«, fing das Mädchen an.

»Ich weiß. Denkst du, ich hätte das so schnell vergessen? Ich bin zwar schon alt, aber so verkalkt bin ich wirklich noch nicht.«

Das Mädchen guckte Frau Davidoff verwirrt an.

»Deine Schwester hat am Samstag Geburtstag, und du willst ihr eine Dose schenken«, fuhr Frau Davidoff fort. »Stimmt's?«

»Woher wissen Sie das alles?«, fragte das Mädchen. »Sind Sie eine Hellseherin oder so was?«

Frau Davidoff lachte. »Du traust meinem Gedächtnis wirklich nicht viel zu. Ich weiß sogar, was deine Schwester sammelt.«

»Sie sammelt Knöpfe«, sagte das Mädchen.

»Knöpfe? Wechselt sie immer so schnell ihr Sammelgebiet?«, fragte Frau Davidoff.

»Es geht«, sagte das Mädchen. »Vorher hat sie Kaugummis gesammelt. Die hat sie dann aber irgendwann aufgegessen.«

»Aufgegessen?«

»Na ja, gekaut halt und dann ausgespuckt«, erklärte ihr das Mädchen.

»Und dann kamen Schneckenhäuser dran«, sagte Frau Davidoff.

»Knöpfe«, verbesserte das Mädchen.

»Nun, mir soll's egal sein, ob sie da Knöpfe, Kaugummis oder Schneckenhäuser reinsteckt«, murmelte Frau Davidoff, ging in den Nebenraum, kam mit der

Dose zurück und stellte sie auf die Ladentheke. Die Dose glänzte im schönsten Karmesinrot.
»Hier!«, sagte Frau Davidoff. »Kannst sie ruhig anfassen. Die Farbe ist trocken.«
Das Mädchen nahm die Schachtel in die Hand, öffnete den Deckel und betrachtete sie lange.
»Na? Wie findest du sie?«, fragte Frau Davidoff.
»Die Schachtel ist wirklich wunderschön«, fing das Mädchen an.
»Das will ich meinen«, sagte Frau Davidoff stolz.
»Sie ist auch groß genug«, sagte das Mädchen.
»Ja, sehr schön groß«, bestätigte Frau Davidoff.
»Sie gefällt mir wirklich sehr, sehr gut«, fuhr das Mädchen fort.
»Fein«, sagte Frau Davidoff. »Soll ich sie dir einpacken?«
»Nein.« Das Mädchen schüttelte energisch den Kopf.
»Du nimmst sie also so mit?«
»Nein«, sagte das Mädchen.
»Was heißt ›nein‹?«, fragte Frau Davidoff. »Ich weiß ja inzwischen, dass du dich manchmal etwas kompliziert ausdrückst. Deshalb noch mal ganz langsam, damit ich alte Frau das auch verstehe …«
»Sie sind gar keine alte Frau«, sagte das Mädchen.
»Danke für das Kompliment. Aber zurück zu unserem Problem: Du möchtest die Dose nicht eingepackt mitnehmen, aber auch nicht uneingepackt. Wie willst du sie denn dann haben?«
»Ich will sie überhaupt nicht haben«, antwortete das Mädchen.
»Wie bitte?«, rief Frau Davidoff. »Du willst sie nicht haben?«
Das Mädchen guckte Frau Davidoff erschrocken an.
»Nein«, sagte es leise.
»Hast du nicht gerade behauptet, die Schachtel gefällt dir?«
»Ja, sehr«, antwortete das Mädchen.
»Und weshalb willst du sie dann plötzlich nicht mehr haben?«

»Sie ist ja nicht für mich, sondern für meine Schwester. Die mag kein Rot.«
»Kein Blau!«, rief Frau Davidoff.
»Doch, Blau mag sie«, widersprach das Mädchen.
Jetzt konnte Frau Davidoff ihren Zorn nicht mehr zügeln. »Du Göre willst dich über mich lustig machen!«, rief sie. »Erst lässt du mich die Schachtel rot anstreichen, dann willst du sie wieder blau. Soll ich sie vielleicht noch mal übermalen? Ich lasse mir doch nicht von einem kleinen Mädchen auf der Nase herumtanzen. Du gibst mir jetzt die zehn Euro, die du in der Hand hast, nimmst deine Dose und verschwindest aus dem Laden. Verstanden?«
»Ich weiß gar nicht, warum Sie so schreien«, sagte das Mädchen. Es sah aus, als würde es gleich anfangen zu weinen.
Frau Davidoff hörte auf zu schimpfen. Weinende Mädchen rührten sie.
»Ich schreie, weil ich es nicht mag, wenn man nicht zu seinem Wort steht«, sagte sie, schon viel weniger laut.
»Na gut, dann nehme ich eben die Schachtel. Damit Sie aufhören zu schimpfen«, sagte das Mädchen.
»Soll ich sie als Geburtstagsgeschenk einpacken?«, fragte Frau Davidoff. Sie war nun wieder ganz ruhig.
»Nicht nötig«, sagte das Mädchen. »Ich behalte sie sowieso für mich.«
»Und deine Schwester? Was schenkst du der?«, fragte Frau Davidoff.
»Weiß ich noch nicht. Mir wird schon was einfallen«, sagte das Mädchen, legte den Geldschein auf die Theke und ging schnell aus dem Laden.
Es dauerte keine zehn Minuten, da kam es noch mal zurück.
Frau Davidoff stellte verblüfft fest, dass es sich inzwischen umgezogen hatte. Nun war es ganz in Blau gekleidet. Weiß der Himmel, wie sie das so schnell geschafft hat, dachte Frau Davidoff.
Das Mädchen kam mit einem freundlichen »Hallo« auf Frau Davidoff zu.
»Hast du was vergessen?«, fragte Frau Davidoff.
»Ich? Nein. Wieso?«, fragte das Mädchen. »Ich möchte die Dose abholen.«
»Welche Dose?«, fragte Frau Davidoff.

»Na, die für meine Schwester eben«, sagte das Mädchen. »Die Keksdose, die Sie rot anmalen wollten.«
Frau Davidoff starrte das Mädchen mit offenem Mund an. Langsam kam ihr ein schlimmer Verdacht.
»Wie alt ist denn deine Schwester?«, fragte sie vorsichtig.
»Zehn. Genau wie ich«, sagte das Mädchen.
»Genau wie du? Dann seid ihr also …«
»Zwillinge, ja«, bestätigte das Mädchen. »Darf ich die Schachtel mal sehn? Ist das Rot schön geworden?«
Frau Davidoff angelte nach dem einzigen Stuhl im Laden und ließ sich schwer darauffallen. »Ich …« Sie kam ins Stottern. »Ich … also, ich fürchte, ich habe einen schrecklichen Fehler gemacht.«
»Fehler?«, fragte das Mädchen.
»Ich habe deiner Schwester soeben ihr Geburtstagsgeschenk verkauft«, gestand Frau Davidoff. »Es tut mir wirklich leid. Aber wie hätte ich auch ahnen sollen, dass es euch gleich zweimal gibt! Man kann euch nicht unterscheiden.«
»Wieso nicht? Ist doch ganz einfach«, sagte Rebekka. »Ich bin immer blau angezogen und meine Schwester Luisa rot.«
»Was mache ich denn jetzt nur?«, fragte Frau Davidoff. »Du kannst dir gar nicht vorstellen, wie peinlich mir das alles ist.«
Rebekka überlegte kurz. Dann lachte sie.
»Ich weiß schon, wie wir es machen«, sagte sie. »Es muss Ihnen gar nicht peinlich sein. Luisa hat sich mein Geburtstagsgeschenk selbst geschenkt. Also schenke ich mir einfach ihres. Hatten Sie nicht noch eine zweite blaue Schachtel da oben?«
»Ja, ja. Natürlich. Gute Idee!« Frau Davidoff stieg schnell auf den Stuhl, um die andere blaue Dose aus dem Regal zu holen.
»Da waren mal Lebkuchen drin«, erklärte sie, während sie den Deckel am Ärmel ihres Kleides blank wischte. »Genau das Richtige für deine Knopfsammlung. Für fünf Euro kannst du sie haben.«

»Woher wissen Sie, dass ich Knöpfe sammle?«, fragte das Mädchen. »Sind Sie Hellseherin?«

»Ach, man hat so seine Quellen«, sagte Frau Davidoff. »Soll ich dir die Dose einpacken, oder nimmst du sie so mit?«

»Schön einpacken«, sagte Rebekka. »Schließlich ist es mein Geburtstagsgeschenk. Wenn es geht, dann bitte mit blauer Schleife.«

Wenig später kam ein sommersprossiges, rothaariges, blau gekleidetes Mädchen mit zufriedenem Gesichtsausdruck aus dem Laden, ein blaues Päckchen unter dem Arm.

Drinnen schenkte sich Frau Davidoff eine große Tasse Tee ein.

»Das war nun wirklich ein sehr ärgerlicher Fehler. Gut, dass dem kleinen Fräulein Kunstreich diese kunstreiche Lösung eingefallen ist«, murmelte sie dabei. Dann lächelte sie, hob die Tasse, prostete dem heiligen Nepomuk auf dem Bild zu und nahm einen tiefen Schluck. »Aber auf diese Weise habe ich an einem einzigen Nachmittag gleich zwei von diesen alten Blechdosen verkauft.«

MITTEN IN DER NACHT

Keine Ahnung, wo ich bin.
Nichts als Dunkel um mich her!
Wie im Bauch von einem Fisch
meilentief im Schwarzen Meer.

Lebt noch jemand außer mir?
Oder bin ich ganz allein?
Diese Stille, dieses Dunkel!
Gleich beginne ich zu schrein.

Da entdeck ich in der Schwärze
einen schmalen Strich aus Licht.
Das ist meine Zimmertüre!
Also gut, ich schreie nicht.

Drei unvollendete Geschichten

Franz Schubert war ein genialer Musiker und Komponist. Er hat acht Sinfonien geschrieben. Die siebte Sinfonie ist die bekannteste, man nennt sie »Die Unvollendete«. Er hat sie nämlich nie zu Ende komponiert.
Ich höre sie immer dann, wenn ich ein neues Manuskript beginne. Wenn die Celli und Kontrabässe ganz tief und geheimnisvoll zu spielen beginnen, kommen mir wie durch Zauberei die besten Ideen.
Es ist nicht etwa so, dass Franz Schubert diese Sinfonie nicht vollenden konnte, weil er vorher gestorben wäre. Nein, er hat ja danach noch eine weitere Sinfonie geschrieben. Man weiß nicht genau, weshalb er die siebte nicht zu Ende komponiert hat.
Ich will mich jetzt nicht mit Schubert vergleichen. Aber auch in meiner Schublade gibt es drei unvollendete Geschichten. Manchmal ist mir ein anderes, wichtigeres Buch dazwischengekommen, manchmal fand der Verlag meinen Entwurf nicht überzeugend, manchmal sind mir einfach die Ideen ausgegangen. Hier sind also diese nicht fertig geschriebenen Geschichten. Ich stelle mir vor, dass diese Texte eure Phantasie anregen könnten, dass manche von euch vielleicht sogar den Schriftsteller in sich selbst ausprobieren und die Geschichten weiterschreiben werden oder aber im schlimmsten Fall mit dem Kopf nicken und sich sagen: »Gut, dass der Maar da nicht weitergeschrieben hat. Das wäre nichts geworden!«

Die erste Unvollendete: Die böse Zauberin und ihre gute Tochter

Es war einmal eine Zauberin, die hieß Frau Schmitt. Sie war eine böse Zauberin und zauberte mit Vorliebe böse Dinge. Mal hier eine Überschwemmung, dort einen Waldbrand, mal einen Dammbruch, mal einen Wirbelsturm und manchmal auch unverhoffte Straßenbauarbeiten oder Verspätungen bei Zügen. Ihre Spezialität waren Erdbeben, Vulkanausbrüche und lange Warteschlagen vor Ämtern. Aber sie war sich nicht zu schade, auch Kleinigkeiten zu zaubern wie Radiergummis, die ein Loch ins Heft rissen, vergessene Mathehefte oder einzelne Kniestrümpfe, bei denen der zweite nicht zu finden war.

Frau Schmitt hatte eine Tochter, die war zwölf Jahre alt und völlig anders veranlagt als die Mutter.

Die Zauberin hatte dem Mädchen den Namen Malefizia gegeben, aber ihre Tochter nannte sich Fizi, weil ihr der Name Malefizia unheimlich war. Alle in ihrer Schulklasse kannten sie nur unter diesem Namen. Fizi erzählte auch niemandem, dass ihre Mutter eine Zauberin war. Selbst ihre beste Freundin Nora war der Meinung, Fizis Mutter sei eine Einzelhandels-Kauffrau. So hatte es ihr Fizi jedenfalls erzählt.

Fizi liebte Tiere, teilte ihr Pausenbrot mit Veronika, die immer ohne Brot in die Schule kam, half jüngeren Schülern bei den Hausaufgaben, warf keine ausgekauten Kaugummis achtlos auf den Boden, log so wenig wie möglich und spülte ohne Widerrede das Geschirr nicht nur ab, sondern rieb es danach mit einem Küchentuch trocken.

Mit anderen Worten: Sie versuchte, ein guter Mensch zu sein. Sehr zum Ärger ihrer Mutter, die es gerne gesehen hätte, wenn Malefizia wenigstens ein kleines bisschen böser gewesen wäre.

Fast jeden Tag versuchte Frau Schmitt, ihre Tochter für das Zaubern zu begeistern. Ohne Erfolg.

Sie beklagte sich manchmal bei ihrer Zauberin-Kollegin Frau Müller-Vorweck über ihre Tochter. »Wenn sie doch wenigstens ein klein wenig Interesse für meinen Beruf aufbringen würde«, sagte sie. »Aber es ist, als würde ich gegen eine Mauer reden.«
»Man muss den Kindern Zeit lassen und darf sie nicht drängen«, tröstete Frau Müller-Vorweck sie. »Du wirst sehen: Eines Tages platzt der Knoten. Eines Tages entdeckt sie, wie viel Freude es macht, mit einem kleinen Fallwind ein Dach abzudecken oder auf einem Campingplatz die Zelte umzublasen. Vielleicht kannst du ja etwas zaubern, das ihr gefällt und das ihr nützt. Dann sieht sie vielleicht ein, wie schön unser Beruf ist.«
Frau Schmitt dachte darüber nach. Aber es fiel ihr lange nichts Passendes ein. An Fizis letztem Ferientag kam ihr eine Idee.
»Malefizia, gehst du morgen gerne wieder in die Schule?«, fragte sie.
»Nicht besonders gerne«, sagte Fizi. »Ferien sind schöner.«
»Dann habe ich eine ganz besondere Überraschung für dich«, sagte Frau Schmid und zauberte gleich einen Blitzeinschlag in das Dach der Schule mit anschließendem Dachstuhlbrand.
»Na, siehst du, wie schön es ist, wenn man zaubern kann?«, fragte sie ihre Tochter, als die Schule viel später wieder anfing. »Jetzt hattest du eine Woche länger Ferien.«
»Besser wäre es gewesen, du hättest ein Wartehäuschen an die Haltestelle des Schulbusses gezaubert«, sagte Fizi.
»Das wäre aber etwas Nützliches gewesen«, sagte ihre Mutter. »Du weißt genau, dass mir das nicht liegt. Du musst doch zugeben, dass dir der kleine Brand gefallen hat!«
»Das ganze Schulhaus riecht jetzt wie ein geräucherter Schinken«, sagte Fizi. »Und das soll mir gefallen?«
»Du bist und bleibst einfach undankbar!«, schimpfte ihre Mutter. »Es ist nicht schön, wenn ein Kind so gar keine Freude am Beruf der Mutter hat. Da gleichst du nur zu sehr deinem Vater!«

»Weil du gerade von Papa sprichst: Wo ist der eigentlich abgeblieben?«, fragte Fizi. »Ich habe ihn seit einem Dreivierteljahr nicht mehr gesehen.«
»Nun, der wird eines Tages schon wiederkommen«, sagte ihre Mutter leichthin. Sie hatte keine Lust, Fizi zu gestehen, dass sie ihren Mann in einen Lederkoffer verzaubert und unter dem Garderobenspiegel abgestellt hatte.
Ihr Mann hatte es nämlich gewagt, ihr zu widersprechen. Nicht nur das: Er hatte sie als Hexe bezeichnet, was natürlich eine grobe Beleidigung war. Denn eine Hexe ist in Zauberkreisen lange nicht so gut angesehen wie eine Zauberin. Hexen, behauptete man da, seien viel zu gutmütig und dazu noch verfressen.
Eines Nachmittags saß Fizi allein zu Hause und erledigte ihre Mathe-Hausaufgaben. Ihre Mutter war nicht da. Sie hatte sich mit Frau Müller-Vorweck um Viertel vor drei im Kaufhaus Dinkelmann verabredet. Sie wollten gemeinsam den Feueralarm genießen, den Fizis Mutter für drei Uhr vorausgezaubert hatte. Da begann es plötzlich in der Wohnung zu rumpeln. Fizi stand auf und versuchte herauszufinden, woher das Geräusch kam. Das Rumpeln wurde lauter und lauter. Jetzt war sie sich ganz sicher: Es kam aus Richtung der Garderobe. Irgendetwas rumorte unter dem Spiegel …

Die zweite Unvollendete: Bennos Tagebuch

Vor einem halben Jahr, an seinem elften Geburtstag, hatte Benno von Tante Polly ein Tagebuch geschenkt bekommen.
Eigentlich war es damals noch gar kein Tagebuch gewesen, sondern nur ein Buch mit einem alten, abgewetzten Einband und leeren, unbeschriebenen Seiten. Ein Buch wird ja erst dann zu einem Tagebuch, wenn man regelmäßig etwas hineinschreibt. Und Benno schrieb fast jeden Abend in sein Buch.
Tante Polly hatte behauptet, es sei ein ganz besonderes Buch, das würde Benno

schon bald merken. Und zwar dann, wenn er zu den blaufleckigen Seiten in der Mitte des Buches käme.

»Die darfst du aber erst benutzen, wenn die weißen Seiten davor restlos vollgeschrieben sind. Egal, ob du von hinten nach vorne ins Buch schreibst oder von vorne nach hinten«, hatte sie gesagt.

»Benutzen?«, hatte Benno gefragt. »Du meinst, ich darf auf diese Seiten schreiben, trotz der Flecken?«

»Nein, ich meine benutzen«, hatte Tante Polly gesagt. »Du wirst es schon merken, wenn du so weit bist. Es ist, wie ich schon sagte, ein ganz besonderes Buch. Ich habe dir doch erzählt, wie ich in seinen Besitz gekommen bin.«

Das hatte Tante Polly in der Tat. Trotzdem fragte sich Benno, ob er Tante Pollys Geschichte glauben sollte oder ob es wieder eine ihrer vielen Phantasiegeschichten war.

Tante Polly hatte nämlich behauptet, Herr Nostradamus, ihr ehemaliger Arbeitgeber, hätte ihr das Buch geschenkt. Sie hatte als Haushaltshilfe in dessen Schloss gearbeitet.

Herr Nostradamus musste ein merkwürdiger Mann gewesen sein, wenn man Tante Pollys Geschichte glauben konnte. Keiner wusste, wie er, ein junger Mann von vielleicht dreißig Jahren, so plötzlich Schlossbesitzer geworden war. Einige Spinner behaupteten sogar, das Schloss habe vorher nie da gestanden, wo es jetzt stand. Wie aus dem Nichts sei es eines Tages dort erschienen.

Herr Nostradamus, erzählte Tante Polly, sei ziemlich schnell sehr krank geworden. Die Krankheit habe sich so geäußert, dass seine Haut und sein Haar immer weißer geworden seien. Nicht blass, sondern weiß wie ein Blatt Papier.

Wenn er in seinem Bett gelegen habe, den Kopf auf dem Kissen, habe sie ihn im ersten Augenblick gar nicht erkennen können, weil er dieselbe Farbe hatte wie das Kopfkissen. Schließlich seien sogar seine Lippen und schließlich auch seine Zunge schneeweiß geworden, und es sei mit ihm zu Ende gegangen.

Kurz vor seinem Tod habe er Tante Polly zu sich gerufen und ihr ein Buch überreicht mit den Worten:

»Schreib bis zu den blauen Flecken,
dann wirst du ihre Macht entdecken.
Doch nützt du diese Macht zum Bösen,
dann wird dich ...«

Mehr habe er nicht sagen können, weil er leider gestorben sei.
Sie selbst, sagte Tante Polly, habe nicht die geringste Lust, in ihrem Alter noch mal mit dem Tagebuchschreiben anzufangen.
So war also Benno in den Besitz des Buches gekommen.
Bald würde sich herausstellen, ob Tante Polly die Wahrheit gesagt hatte. Denn Benno hatte nun alle Seiten vor der Buchmitte beschrieben. Heute würde er zu den fleckigen Seiten kommen.
Schon als Benno die erste der blauen Seiten umblätterte, fühlte er ein seltsames Vibrieren des ganzen Buches, eine leichte Bewegung, fast wie das Atmen eines Tieres oder eines Menschen.
Erschrocken legte er das Buch erst mal zur Seite.
Doch Benno war ein neugieriger Junge und sogar ziemlich mutig. So zog er das Buch wieder zu sich heran und schlug es in der Mitte auf. Auf der Doppelseite, die nun vor ihm lag, zeigten sich mindestens zwanzig große und kleine blaue Flecken. Benno glaubte nicht recht an Tante Pollys Geschichte. Die blauen Punkte störten ihn, er hätte gerne weiter ins Tagebuch geschrieben. Es schienen Tintenkleckse zu sein. So holte er den Tintenkiller aus seinem Federmäppchen und versuchte, die Flecken zu entfernen. Aber kaum hatte die Spitze des Tintenkillers einen kleinen Flecken berührt, glitt der zum Rand des Buches, sprang als lebendige, kleine blaue Maus aus dem Buch auf den Tisch, von dort auf den Boden und verschwand hinter dem Schrank.
Benno war verblüfft. Vorsichtig tippte er mit dem Zeigefingen auf einen anderen kleinen Flecken. Wie vorher glitt auch der zum Buchrand und fiel als blaue Katze vom Buch auf den Tisch.

Die Katze schien genau zu wissen, wo sich die Maus versteckt hatte. Sie raste zum Schrank und begann wie wild daran zu kratzen.
»He, zerkratz mir nicht den ganzen Schrank!«, rief Benno, ging zu ihr hin und nahm sie auf den Arm. Sie ließ das willig mit sich geschehen.
Benno trug sie zur Tür, öffnete, setzte die Katze draußen ab und schloss die Tür hinter ihr.
Als er zu seinem Platz am Tisch zurückkam, sah er, dass die Katze draußen auf dem Fenstersims saß und aufmerksam durch die Scheibe nach drinnen blickte.
Man musste die Flecken also antippen, sagte Benno sich, dann würden sie zu etwas Lebenden. Was würde wohl aus dem Flecken auf der rechten Buchseite werden, wenn er darauftippte? Es war ein großer Klecks, fast so groß wie die Hand eines kleinen Kindes.
Benno nahm seinen ganzen Mut zusammen, streckte den Zeigefinger aus, und tippte …

Die dritte Unvollendete: Roberich, der reimende Roboter

Das hier ist Herr Dill. Herr Dill hat einen seltsamen Beruf. Herr Dill ist nämlich Erfinder. Er hat schon viele Sachen erfunden:
Eine Brille mit Scheibenwischer.
Grünen Pudding für Kinder, die nicht gerne Spinat essen.
Das aufblasbare Fahrrad, das man in die Tasche stecken kann.
Ein unsichtbares Schulheft. Den viereckigen Globus. Und den Roboter Roberich.
Roberich kann gut reimen. Er sagt: »Ich bin Roboter Roberich, und wenn du willst, dann reime ich.«

Das hier ist Frau Doris Dill, die Frau von Herrn Dill. Sie ist Malerin und malt am liebsten Tiere. Ameisenbären kann sie besonders gut.
Herr Dill und seine Frau haben auch eine Tochter.
Die Tochter heißt Dolly und geht in die zweite Klasse. Manchmal nimmt Dolly das unsichtbare Schulheft mit in die Schule.
Dann fragt die Lehrerin: »Dolly, hast du schon wieder dein Heft vergessen?«
Da sagt Dolly: »Nein, ich habe es dabei. Man kann es nur nicht sehen. Es ist ja unsichtbar.«
Die Lehrerin sagt: »Eine bessere Ausrede fällt dir wohl nicht ein?«
Deswegen sagt Dolly zu ihrem Vater: »Kannst du nicht mein Heft wieder sichtbar machen? Erfinde lieber einen Schulranzen, der alleine in die Schule fliegt. Mein Ranzen ist nämlich ziemlich schwer.«
»Kein Problem«, sagt Herr Dill und erfindet einen Schulranzen mit Propeller.
Roberich sagt: »Ranzen, die Propeller haben, fliegen schneller als die Raben.«

Am Nachmittag sagt Frau Dill zu ihrem Mann: »Kannst du mir bitte schnell ein Kilo Salz erfinden? Ich brauche das Salz für die Spülmaschine.«
Herr Dill schüttelt den Kopf. Er sagt: »Salz kann man nicht erfinden, Salz muss man kaufen.«
Roberich sagt: »Will ich Salz im Laden kaufen, muss ich zu dem Laden laufen.«
Er marschiert gleich los. Roberich geht ein bisschen wackelig. Schließlich hat er nur dünne Beine aus Metall und Füße aus Gummi. Trotzdem ist er sehr schnell und überholt alle, die vor ihm gehen.
Stolz sagt er: »Jeder wird sofort erkennen: Roboter Roberich kann rennen.«
Aber plötzlich wird er langsamer und noch langsamer und bleibt schließlich stehen. Seine Batterie ist fast leer.
Entsetzt flüstert er: »Ich verliere meinen Schwung. Ein Fehler in der Sicherung!«
Zu Hause wartet Dolly, dass Roberich wiederkommt.

Sie will mit ihm Mau-Mau spielen.
Aber Roberich kommt nicht. Er sitzt zusammengesunken auf einem Kantstein und wartet.
Da kommt ein Junge die Straße entlang, bleibt vor ihm stehen und beugt sich zu ihm hinunter.
Er fragt: »Wer bist du denn?«
Mit dem letzten Rest seiner schwachen Batterie kann Roberich noch sagen: »Rooo…« Dann ist der Strom zu Ende.
»Ro? Komischer Name«, sagt der Junge. »Ro, du hast bestimmt nichts dagegen, wenn ich dich mit nach Hause nehme.«
Inzwischen wartet Herr Dill ungeduldig auf den Roboter. Aber der kommt nicht zurück.
Frau Dill sagt zu ihrer Tochter: »Dolly, geh doch mal los und schau, wo sich Roberich herumtreibt. Langsam könnte er ja mit dem Salz zurückkommen!«
Dolly ruft: »Mach ich, Mama!«, und ist schon aus der Tür gerannt …

Ein kleines Nachwort
oder
Hans hat den Ball

Wenn ich andere Erwachsene von ihrer ersten Schulzeit erzählen höre, überkommt mich eine Mischung aus Neid und Trauer. Sie erzählen von dieser Zeit meist wie von einem schönen Traum, an den man sich wehmütig zurückerinnert. Für mich war die Schule ein Albtraum. Und dabei war ich nicht einmal ein schlechter Schüler.

Ich denke manchmal, dass alles anders gekommen wäre, wenn ich nicht so früh lesen gelernt hätte.

Als ich in die erste Klasse kam, hatte ich gerade *Die Indianergeschichte* zum elften oder zwölften Mal durchgelesen. Das war mein erstes und vorerst einziges Buch. Ich war so begeistert von den Abenteuern des Indianerjungen, dass ich immer gleich nach dem letzten Satz, »Als der Morgen kam, begannen alle Indianer ein neues Dorf zu bauen«, das Buch wieder vorne aufschlug und neu begann.

Das Lesen hatte ich mir selbst beigebracht. Als ich fünf war, hatte ich meine Mutter durch ständiges Fragen gequält: »Wie heißt dieses Wort da in der Zeitung? Was ist das für ein Buchstabe?« Sie hatte mir geduldig immer wieder die Wörter vorgelesen, die damals täglich in der Überschrift standen, und bald konnte ich »Bomben«, »Soldaten«, »Krieg«, »Panzer« oder »Flugzeug« ohne ihre Hilfe entschlüsseln. Mit sechs las ich schon Wörter wie »Oberste Heeresleitung« oder »Führerhauptquartier«, ohne zu stocken.

Dann kam ich in die erste Klasse der Volksschule.

Es war eine kleine Dorfschule, die aus zwei Räumen bestand: einem kleinen Kämmerchen, das nur der Lehrer betreten durfte, und einem großen Klassenzimmer. Im großen Zimmer standen zwei Reihen von Schulbänken, durch einen schmalen Gang getrennt. Die vorderen Bänke waren niedrig, das waren die für die Erstklässler, dann kamen etwas höhere, dort saßen die Kinder, die in die zweite und dritte Klasse gingen. Ganz hinten im Klassenzimmer, von den Kleinen ehrfürchtig bestaunt, saßen in richtig hohen Bänken die Großen, die Viertklässler. Meist schrieben sie lange Zahlenreihen ins Heft, bewegten dann stumm die Lippen, wenn sie rechneten, oder kauten nachdenklich an ihren Federhaltern, bevor sie energisch die Feder ins Tintenfass stießen und das Ergebnis notierten. Die Drittklässler schrieben währenddessen eine Seite aus dem Lesebuch ab und versuchten, sich von den Zweitklässlern nicht ablenken zu lassen, die gerade laut vorlasen.

Für uns Erstklässler begann der Unterricht eine Stunde später als bei den höheren Klassen, um neun. Da hatte der Lehrer den anderen Schülern schon ihre Aufgaben zugeteilt und konnte sich für einige Zeit ganz mit den Kleinen beschäftigen.

Ich weiß nicht, was mich mehr langweilte: der Leseunterricht oder die Texte, die in unserem ersten Lesebuch standen.

Meine Hände hatten vor Aufregung und unterdrückter Freude gezittert, als der Lehrer uns die Lesebücher aushändigte. Endlich durfte ich ein neues, ein zweites Buch kennenlernen! Ich erwartete aufregende Geschichten und blätterte immer wieder die Seiten um, betrachtete die farbigen Bilder. Aber was für eine Enttäuschung, als wir später immer dieselbe Seite, immer denselben Text wieder und wieder vorlesen mussten. Es waren alberne, dumme Geschichten, die ich da vorgesetzt bekam:

Hans hat den Ball.
Hat Hans den Ball?
Ja, Hans hat den Ball.

Anna hat den Ball.
Hat Anna den Ball?
Ja, Anna hat den Ball.

Nicht nur, dass man sich wirklich kaum eine langweiligere Geschichte ausdenken konnte als diese, sie stimmte nicht einmal! Wie konnte Hans den Ball haben und gleichzeitig Anna? Entweder war vom selben Ball die Rede, dann fehlte doch ein wichtiger Teil der Geschichte. Dann hätte man doch erzählen müssen, dass Hans den Ball an Anna weitergegeben hat. Oder es gab zwei Bälle, dann fehlte ein entscheidendes Wort. Dann müsste es doch heißen:

Hans hat einen Ball
Anna hat *auch* einen Ball.

Ich sagte das unserem Lehrer.
Er konnte meinen Einwand nicht verstehen. Er war unwillig.
»Hab ich nicht gesagt, ihr sollt nur reden, wenn ich euch aufrufe?«, fragte er. »Wenn jeder hier quatscht, wann es ihm passt, was glaubst du, was das für ein Durcheinander gibt, bei vier Klassen in einem Raum! Außerdem ist das keine Geschichte. Das ist ein Text, mit dem du das Lesen lernen sollst.«
Ich sagte: »Ich kann aber doch schon lesen.«
Jetzt wurde er noch unwilliger.
»Du kannst nicht lesen, du kannst höchstens den Text auswendig, weil wir ihn so oft wiederholt haben«, rief er.
»Doch, ich kann wirklich lesen«, behauptete ich.
»Du kannst lesen? Dann lies doch mal, was hier steht!«, sagte er, schlug mein Lesebuch ein paar Seiten weiter hinten auf und hielt es mir hin.
Ich leierte die paar Sätze herunter, die da auf der Seite standen:

»Hans ist im Hof.
Im Hof ist ein Hund.
Der Hund hat den Ball.
Gib den Ball, Hund!
Wau wau.«

Der Lehrer machte »Hmm«, nahm mir das Buch aus der Hand, schlug es ganz hinten auf.
»Lies das hier!«, befahl er.
Ich las, fast ohne zu stocken:
»Jungvolk auf dem Marsch.
Zu drei und drei marschieren wir. Da draußen ist es luftig. Wir traben ins Weite.
›Flieger!‹, ruft auf einmal der Führer. Wir flitzen auseinander.
Ich liege im Straßengraben. Keiner regt sich, wir schnaufen fast nimmer.
›Auf! Gefahr vorbei!‹ Die Dreierreihe steht.
Am Waldrand machen wir halt. Drin im Dunkel ...«
»Schluss! Das genügt«, sagte unser Lehrer. Er schien verwundert zu sein, aber gleichzeitig ein wenig ärgerlich. Alles, was den normalen Unterrichtsablauf störte, machte ihn nervös. Und nun saß da einer in der ersten Bank, der fließend lesen konnte.
»Nimm deine Sachen und setz dich in die dritte Bank!«, befahl er. »Setz dich neben Siegfried. Der kann sich ein Beispiel an dir nehmen. Ist in der dritten Klasse und liest nicht halb so schnell wie du.«

Ich steckte mein Bleistiftmäppchen und das Lesebuch in den Schulranzen und ging zögernd nach hinten, zu den Drittklässlern. Ich wusste nicht, wer von ihnen Siegfried war, erkannte ihn aber gleich an seinem feindseligen Gesichtsausdruck.

Siegfried war keineswegs begeistert von dem kleinen Sechsjährigen, der jetzt neben ihm saß, kaum über den Rand des Tisches gucken konnte und der ihm als Beispiel dienen sollte. Er ließ mich das jeden Tag spüren, indem er mir seinen harten, spitzen Ellbogen in die Seite rammte. Manchmal stieß er auch mit einer schnellen, scheinbar zufälligen Handbewegung mein Heft zur Seite, während ich schrieb. Dann zog meine Schreibfeder einen dicken Strich quer über die Heftseite, und ich musste umblättern und den ganzen Absatz noch einmal neu schreiben.

Auch die übrigen Drittklässler behandelten mich als unerwünschten Eindringling, zogen mich schnell und heftig an den Haaren, wenn der Lehrer sie nicht im Blick hatte, oder sie streckten von hinten ihre Füße unter der Rückenlehne meiner Bank durch und wischten ihre schmutzigen Schuhsohlen an meiner Hose ab.

Mit Freude hätte ich auf meine Sonderstellung als Wunderkind verzichtet; wie gerne hätte ich ganz unauffällig zwischen den übrigen Erstklässlern gesessen. Als ich dann aber zu ihnen zurückversetzt wurde, geschah es auf eine so demütigende Weise, dass ich nicht darüber froh sein konnte.

Ich konnte zwar lesen wie ein Drittklässler und auch bald recht flüssig schreiben, aber mit dem Rechnen hatte ich Schwierigkeiten. Die Buchstaben waren meine Freunde, nicht die Zahlen. Wenn da stand: »Siebenundachtzig«, konnte ich es ohne Schwierigkeiten lesen, aber »87« konnte ich nicht entziffern.

Unser Lehrer, der mich beim Lese- und Schreibunterricht für einen Drittklässler ansah und mich auch so behandelte, hatte wohl mein wahres Alter inzwischen vergessen. Jedenfalls bekam er einen Zornausbruch, als beim Aufsagen des kleinen Einmaleins die Reihe an mich kam, ich zu stottern anfing und offensichtlich nicht einmal die Dreierreihe flüssig herunterschnurren konnte. Er nannte mich einen »Faulpelz«, befahl mir unter dem hämischen Grinsen und dem Beifallklatschen der Drittklässler, meine Sachen zu packen und mich in die erste Reihe zu verziehen.

Von diesem Tag an war ich endgültig zum Außenseiter geworden. Ich gehörte nicht mehr zu den Erstklässlern, aber auch nicht zu den Kindern aus der dritten Klasse. Ich hatte nicht einmal einen festen Platz im Klassenzimmer. Beim Rechnen hatte ich vorne zu sitzen, beim Lesen oder Aufsatzschreiben wurde ich nach hinten geschickt.

Ich war der Einzige, der nach der Schule allein nach Hause gehen musste. Wollte ich mich den Erstklässlern anschließen, sagten sie: »Geh doch mit deinen Drittklässlern!« Aber zu denen getraute ich mich nicht, ich hatte Angst vor ihren spitzen Ellbogen.

Ich hatte es damals wirklich nicht leicht. Was mir half, war das Lesen. Inzwischen hatte sich mein Buch-Bestand vergrößert, zur *Indianergeschichte* kam die Geschichte von Pinocchio, von Robinson Crusoe und von Winnetou, dem edlen Apachen. Ich versank in den Geschichten, vergaß alles um mich herum, ritt in meiner Phantasie mit Old Shatterhand über die Prärie oder kämpfte mit einem übermächtigen Grizzly-Bären und besiegte ihn. Meine Lese-Erfahrungen führten auch dazu, dass sich mein Ansehen in der Schule schließlich verbesserte.

Einmal war ich so voll von den Abenteuergeschichten, die ich am Vorabend gelesen hatte, dass ich meinem Banknachbarn in der Pause begeistert davon erzählte. Zu meiner Überraschung hörte nicht nur er gespannt zu, sondern auch viele andere. Sogar einige aus der dritten Klasse.

Von da an erzählte ich nicht nur während der Pause, sondern oft nach Schulschluss spannende Geschichten, die ich mir meist selbst ausdachte. Ich übertrieb maßlos. Wenn etwa mein Held abgestürzt war und sich am Hang einer Schlucht gerade noch an einer Baumwurzel festklammern konnte, dann tat sich unter ihm ein Abgrund von mindestens fünfzig Metern auf. Nicht genug damit: Unten floss auch noch ein Fluss, in dem es von Krokodilen nur so wimmelte. An dieser Stelle machte ich dann Schluss mit meiner Geschichte und vertröstete meine Zuhörer auf den nächsten Schultag. Bis dahin musste ich mir natürlich einfallen lassen, wie ich meinen Helden aus dieser gefährlichen Lage befreien konnte. Etwa, indem ihm ein zufällig vorbeikommender Indianerstamm ein Seil zuwarf, an dem er nach oben klettern konnte. Diese wunderbare Rettung sollte sich aber als Trugschluss erweisen. Denn es stellte sich heraus, dass die Indianer gerade auf dem Kriegspfad waren und meinen Helden nur deshalb gerettet hatten, um ihn an den Marterpfahl zu binden. Am Ende meiner Geschichte tanzten die Indianer mit geschwungenen Kriegsbeilen und unter lautem Kriegsgeschrei um den Marterpfahl – und ich musste mir am Vorabend ausdenken, wie ich meinen Zuhörern am nächsten Schultag die geniale Rettung meines Helden präsentieren würde.

Ich habe diese ausgedachten Geschichten nie aufgeschrieben. Trotzdem, scheint mir, waren sie erste Fingerübungen und der Ausgangspunkt für meine Laufbahn als Autor.

So kam ich übers Lesen zum Erzählen und schließlich zum Schreiben. Und jetzt lest ihr das, was ich geschrieben habe. So schließt sich der Kreis.

Viele Grüße

Euer Paul Maar

PS: Weshalb ich so sicher behaupten kann, dass ihr lest? Na, sonst hättet ihr diesen Text hier ja gar nicht kennen können!

QUELLENNACHWEIS

Herr Taschenbier übt schwindelfrei
Erstmals erschienen in: Neue Punkte
für das Sams (Seite 57–71)
Illustriert von Paul Maar
© Verlag Friedrich Oetinger GmbH,
Hamburg, 1992

Der Galimat und ich
Erstmals erschienen in: Der Galimat
und ich (Seite 7–25)
Illustriert von Ute Krause
© Verlag Friedrich Oetinger GmbH,
Hamburg, 2015

Die Geschichte vom Zauberer Abra Kadabrax
Erstmals erschienen in: Der tätowierte
Hund (Seite 91–111)
Illustriert von Anke Faust
© Verlag Friedrich Oetinger GmbH,
Hamburg, 1968

Matti, Momme und die Zauberbohnen
Erstmals erschienen in der Reihe
Sonne, Mond und Sterne
Illustriert von Christiane Hansen
© Verlag Friedrich Oetinger GmbH,
Hamburg, 2009

Der Goldregen
Illustriert von Sabine Wilharm
© Verlag Friedrich Oetinger GmbH,
Hamburg, 2017

Lippels Traum
Erstmals erschienen in: Lippels Traum
(Seite 129–141)
Illustriert von Paul Maar
© Verlag Friedrich Oetinger GmbH,
Hamburg, 1984

Der Turm aus Kornspeichern
Erstmals erschienen in: Türme (Seite 30–32)
Illustriert von Paul Maar
Verlag Friedrich Oetinger GmbH,
Hamburg, 1987, Rechte beim Autor

Die beiden Türen
Illustriert von Verena Ballhaus
© Verlag Friedrich Oetinger GmbH, Hamburg, 2017

Frau Muhse
Erstmals erschienen in: Schiefe Märchen und
schräge Geschichten (Seite 128–141)
Illustriert von Pana Dalianis
© Verlag Friedrich Oetinger GmbH, Hamburg, 2016

Das kleine Känguru lernt fliegen
Erstmals erschienen in der Reihe
Sonne, Mond und Sterne
Illustriert von Paul Maar
© Verlag Friedrich Oetinger GmbH,
Hamburg, 2001

Das faule Faultier
Erstmals erschienen in: Jaguar und
Neinguar (Seite 38–39)
Illustriert von Nina Dulleck, 2016
© Verlag Friedrich Oetinger GmbH,
Hamburg, 2007

Das Geschenk
Erstmals erschienen in: Mehr Affen
als Giraffen (Seite 85–87)
Illustriert von Christiane Laura Schultz
© Verlag Friedrich Oetinger GmbH,
Hamburg, 2009

Kleine Länderkunde
Illustriert von Eva Muggenthaler
© Verlag Friedrich Oetinger GmbH,
Hamburg, 2017

Herr Bellos Verwandlung
Erstmals erschienen in: Herr Bello und das blaue Wunder (Seite 69–74)
Illustriert von Ute Krause

Eine gemütliche Wohnung
Erstmals erschienen in: Der Tag, an dem Tante Marga verschwand (Seite 108–113)
Illustriert von Paul Maar

Der fremde Planet
Erstmals erschienen in: Der Tag, an dem Tante Marga verschwand (Seite 114–121)
Illustriert von Paul Maar

Prinz Otto
Erstmals erschienen in: Schiefe Märchen und schräge Geschichten (Seite 26–33)
Illustriert von Pana Dalianis

Die Tochter des Mäusekönigs
Erstmals erschienen in: Mehr Affen als Giraffen (Seite 60–67)
Illustriert von Christiane Laura Schultz

Tiere und Sport
Erstmals erschienen in: Kakadu und Kukuda (Seite 112–113)
Illustriert von Nina Dulleck

Zwei Geschichten von Anne und Hannes
Hannes darf sich rächen / Das geht Frau Neugebauer gar nichts an
Erstmals erschienen in: Anne will ein Zwilling werden (Seite 60–72 und 16–28)
Illustriert von Paul Maar

Zehn Geschichten von Herrn Lampert
Illustriert von Eva Muggenthaler

Ein Gespräch
Erstmals erschienen in: Jaguar und Neinguar (Seite 11)
Illustriert von Ute Krause

Affen / Wenn – dann
Illustriert von Sabine Wilharm

Zukunft
Erstmals erschienen in: Jaguar und Neinguar (Seite 172)
Illustriert von Ute Krause

Drei Geschichten von Max und Paula
Falsch verbunden / Der ältere Bruder / Max liest gern
Illustriert von Christiane Hansen

Das Ding
Illustriert von Erhard Dietl

Die blaue Dose
Illustriert von Tina Schulte
Erstmals erschienen in: Große Schwester, fremder Bruder (Seite 19–32)

Mitten in der Nacht
Erstmals erschienen in: Jaguar und Neinguar (Seite 86)
Illustriert von Verena Ballhaus

Ein kleines Nachwort oder Hans hat den Ball
Illustriert von Reinhard Michl

Paul Maar

Seine schönsten Kinder- und Jugendbücher

Alles vom kleinen Känguru
Das kleine Känguru und seine Freunde
Andere Kinder wohnen auch
bei ihren Eltern
Eine Woche voller Samstage
Eine Woche voller Samstage (farbig)
Am Samstag kam das Sams zurück
Neue Punkte für das Sams
Ein Sams für Martin Taschenbier
Sams in Gefahr
Onkel Alwin und das Sams
Sams im Glück
Ein Sams zu viel
Das Sams feiert Weihnachten (farbig)
Da bin ich gespannt wie ein Gummiband.
Die samsigsten Sprüche vom Sams
Das fliegende Kamel.
Geschichten von Nasreddin
Hodscha, neu erzählt von
Paul Maar
Das große Buch von Paul Maar
Große Schwester, fremder Bruder
Herr Bello und das blaue Wunder
Neues von Herrn Bello
Wiedersehen mit Herrn Bello
In einem tiefen, dunklen Wald...
Jaguar und Neinguar.
Gedichte von Paul Maar
Kakadu und Kukuda
Gedichte, Geschichten, Spiele
Kartoffelkäferzeiten
Kreuz und Rüben, Kraut und quer.
Das große Paul-Maar-Buch
Lippels Traum
Lippel, träumst du schon wieder!
Mehr Affen als Giraffen
Onkel Florians fliegender Flohmarkt
Die Opodeldoks
(mit Sepp Strubel)
Schiefe Märchen und schräge Geschichten
Der tätowierte Hund
Der Tag, an dem Tante Marga verschwand
und andere Geschichten
Der verborgene Schatz